Impressum
Verlag: BABADADA GmbH, Nedderfeld 112 , 22529 Hamburg
Geschäftsführer / Verlagsleitung: Harald Hof
Druck: Books on Demand GmbH, In de Tarpen 42, 22848 Norderstedt

Imprint
Publisher: BABADADA GmbH, Nedderfeld 112 , 22529 Hamburg, Germany
Managing Director / Publishing direction: Harald Hof
Print: Books on Demand GmbH, In de Tarpen 42, 22848 Norderstedt

សាលារៀន

school

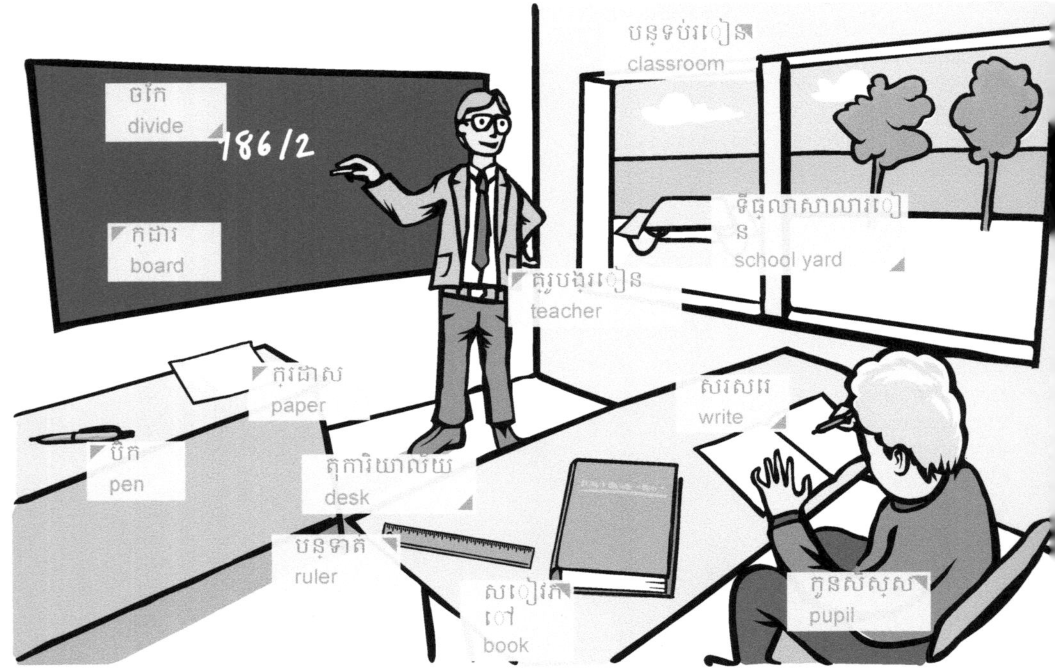

បន្ទប់រៀន
classroom
ចែក
divide
186/2
ក្ដារ
board
ទីធ្លាសាលារៀន
school yard
គ្រូបង្រៀន
teacher
ក្រដាស
paper
សរសេរ
write
ប៊ិក
pen
តុការិយាល័យ
desk
បន្ទាត
ruler
សៀវភៅ
book
កូនសិស្ស
pupil

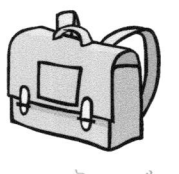

សម្ពៀតស្បែក

satchel

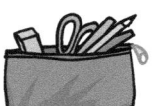

ប្រអប់ដាក់ខ្មៅដៃ

pencil case

ខ្មៅដៃ

pencil

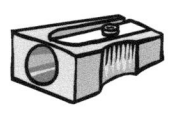

ប្រដាប់ខួងខ្មៅដៃ

pencil sharpener

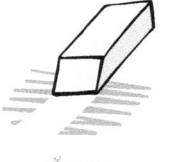

ជ័រលុប

rubber

ផ្ទាំងគំនូរ

drawing pad

តំនូរ

drawing

ជក់គូរ

paintbrush

ប្រអប់ថ្នាំណាប

paint box

កន្ត្រៃ

scissors

ការបិទ

glue

សៀវភៅលំហាត់

exercise book

កិច្ចការផ្ទះ

homework

លេខ

number

បូក

add

ដក

subtract

គុណ

multiply

គណនា

calculate

លិខិត

letter

អក្ខរក្រម

alphabet

ពាក្យ

word

អត្ថបទ

text

អាន

read

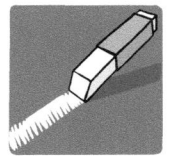

ដីស

chalk

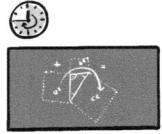

មេរៀន

lesson

ចុះឈ្មោះ

register

ការប្រឡង

exam

វិញ្ញាបនបត្រ

certificate

ឯកសណ្ឋានសាលា

school uniform

ការអប់រំ

education

សព្វវចនាធិប្បាយ

encyclopedia

សាកលវិទ្យាល័យ

university

មីក្រូទស្សន៍

microscope

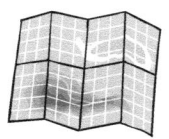

ផែនទី

map

កន្ត្រកដាក់សំរាមកូរដាស

waste-paper basket

ការធ្វើដំណើរ
travel

សណ្ឋាគារ
hotel
Grand
សណ្ឋាគារក្មេង
hostel
ការិយាល័យប្តូរប្រាក់
bureau de change
វ៉ាលី
suitcase
រថយន្ត
car

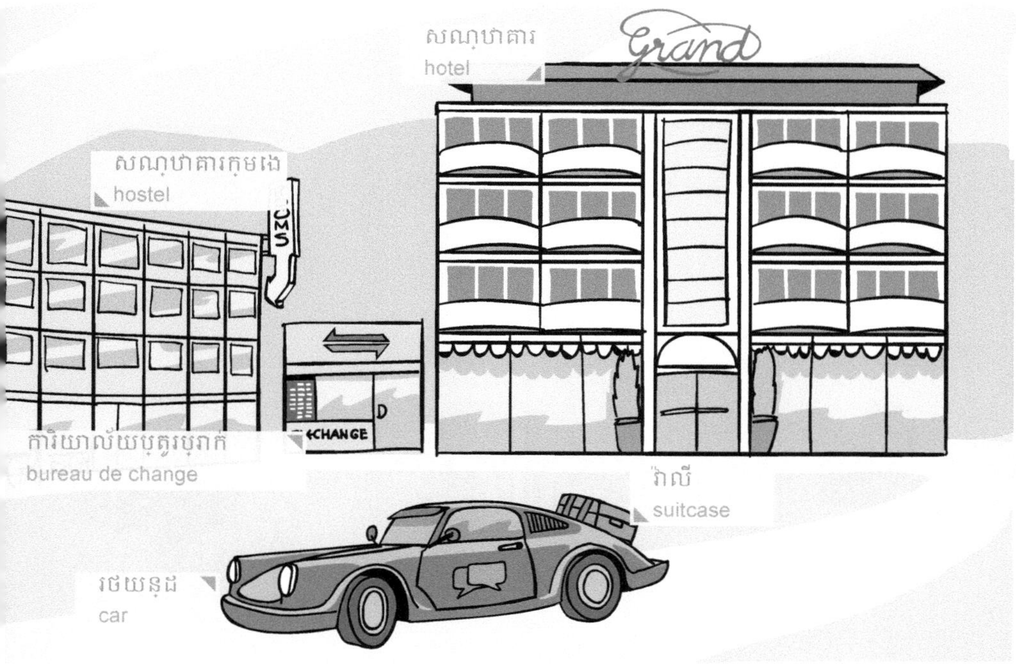

ភាសា
language

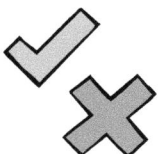

បាទ / ទេ
yes / no

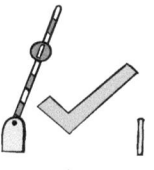

យល់ព្រម
Okay

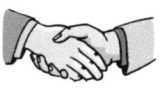

សាយ័ន្តសួស្តី!
hello

អ្នកបកប្រែ
translator

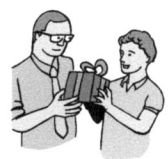

សូមអរគុណ
Thank you

ផុលប៉ុន្មាន... ?

how much is…?

ខ្ញុំមិនយល់

I do not understand

បញ្ហា

problem

ទិវាសួស្តី!

Good evening!

អរុណសួស្តី

Good morning!

រាត្រីសួស្ដី!

Good night!

លាហាើយ

bye bye

ទិសដៅ

direction

អីវ៉ាន់

luggage

កាបូប

bag

កាបូបស្ពាយក្រោយ

backpack

ក្ញៀវ

guest

បន្ទប់

room

ថង់ដេក

sleeping bag

តង់

tent

ព័ត៌មានទេសចរណ៍

tourist information

ឆ្នេរ

beach

កាតឥណទាន

credit card

អាហារពេលព្រឹក

breakfast

អាហារថ្ងៃត្រង់

lunch

អាហារពេលល្ងាច

dinner

សំបុត្រ

ticket

ជណ្ដើរយន្ត

lift

តុប

stamp

ព្រំដែន

border

គយ

customs

ស្ថានទូត

embassy

ទិដ្ឋាការ

visa

លិខិតឆ្លងដែន

passport

ការដឹកជញ្ជូន

transport

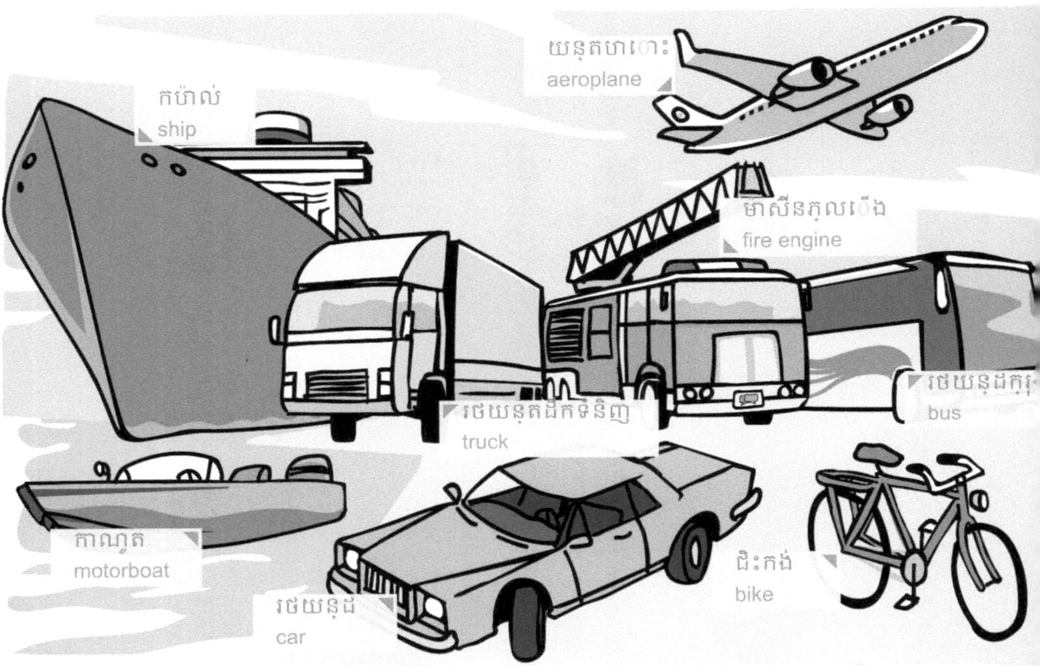

យន្តហោះ
aeroplane
កប៉ាល់
ship
ម៉ាស៊ីនភ្លើង
fire engine
រថយន្តក្រុង
bus
រថយន្តដឹកទំនិញ
truck
កាណូត
motorboat
ជិះកង់
bike
រថយន្ត
car

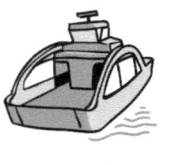

សាឡាង

ferry

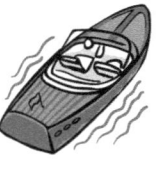

ទូក

boat

ម៉ូតូ

motorbike

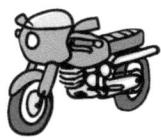

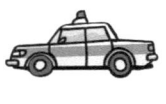

រថយន្តប៉ូលិស

police car

រថយន្តប្រណាំង

racing car

រថយន្តជួល

rental car

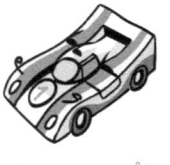

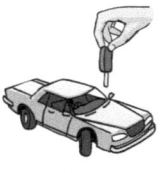

ការចែករំលែករថយន្ត

car sharing

ឡានសុទ្ធច

breakdown truck

ឡានបូម្រូលសំរាម

refuse truck

ម៉ូតូ

motor

ប្រេងឥន្ធនៈ

fuel

ស្ថានីយប្រេង

petrol station

ហាកសញ្ញាចរាចរណ៍

traffic sign

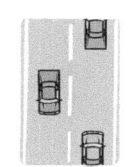

ការធ្វើរើចរាចរណ៍

traffic

កកស្ទះចរាចរណ៍

traffic jam

ចំណត

car park

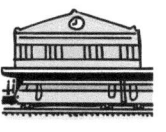

ស្ថានីយរថភ្លើង

train station

ផ្លូវរដេកែ

tracks

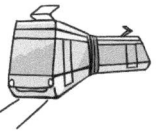

រថភ្លើង

train

 រថអគ្គីសនី

tram

ទូររថភ្លើង

carriage

ឧទ្ធម្ភាគចក្រ

helicopter

ពុរលានយន្តហោះ

airport

ប៉ម

tower

អ្នកដំណើរេរ

passenger

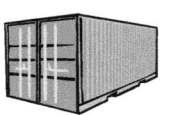

កុងគីន័រ

container

ករដាសកាតុង

carton

រទេះ

cart

កញ្ចប់

basket

ហោះឡុេើង / ចុះ

take off / land

ទីក្រុង

city

ភូមិ

village

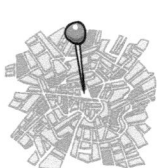

កណ្ដាលទីក្រុង

city centre

ផ្ទះ

house

រោងភាពយន្ត
cinema

ការផ្សព្វផ្សាយ
advert

ចង្កៀងតាមដងផ្លូវ
street lamp

ផ្លូវ
street

តាក់ស៊ី
taxi

ហាងអាហារសម្រន់
snack shop

អ្នកថ្មើរជើងជើងលើ
pedestrian

ចិញ្ចើមផ្លូវ
pavement

គំនូសផ្លូវឆ្លងកាត់
zebra crossing

ធុង
bin

ផ្លូងកាត់
crossing

គុលើងសញ្ញាចរាចរណ៍
traffic lights

ខ្ទម
hut

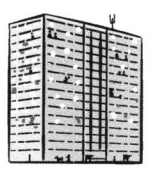

ផ្ទះល្វែង
flat

ស្ថានីយរថភ្លើង
train station

សាលាក្រុង
town hall

សារមន្ទីរ
museum

សាលារៀន
school

សាកលវិទ្យាល័យ

university

ធនាគារ

bank

មន្ទីរពេទ្យ

hospital

សណ្ឋាគារ

hotel

ឱសថស្ថាន

pharmacy

ការិយាល័យ

office

ហាងលក់សៀវភៅ

book shop

ហាង

shop

ហាងផ្កា

florist's

ផ្សារទំនើប

supermarket

ទីផ្សារ

market

ហាងទំនិញ

department store

ហាងលក់ត្រី

fishmonger's

មជ្ឈមណ្ឌលផ្សារទំនើប

shopping centre

កំពង់ផែ

harbour

ឧទ្យាន

park

បង្គាំ

bench

ស្ពាន

bridge

ជណ្តើរចុះឡើង

stairs

ផ្លូវក្រោមដី

underground

ផ្លូវរូងក្រោមដី

tunnel

ចំណតរថយន្តក្រុង

bus stop

បារ

bar

ភោជនីយដ្ឋាន

restaurant

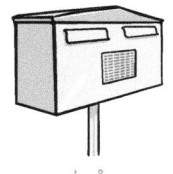

ប្រអប់សំបុត្រ

postbox

សញ្ញាតាមដងផ្លូវ

street sign

ឧបករណ៍បូរមួលចូលចំណត

parking meter

សួនសត្វ

zoo

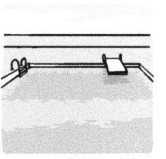

អាងហែលទឹក

swimming pool

វិហារអ៊ីស្លាម

mosque

កសិដ្ឋាន

farm

ការបំពុល

pollution

វាលកប់ខ្មោច

graveyard

ពុទ្ធវិហារ

church

គុររៀងវំអិលកុមងេលងៈ

playground

បុរសាទ

temple

ទេសភាព

landscape

ស្លឹក
leaf

សញ្ញាបង្ហាប់ទិសដៅ
signpost

ផ្លូវ
way

វាលស្មៅ
ទៅ
meadow

ដុំថ្ម
stone

ដើមឈើ
tree

អ្នកឡ្យៀវៀងភ្នំ
hiker

ទន្លេ
river

ស្មៅ
grass

ផ្កា
flower

ជ្រលងភ្នំ

valley

កូនភ្នំ

hill

បឹង

lake

ព្រៃឈើ

forest

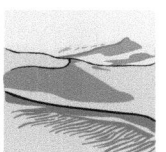

វាលខ្សាច់

desert

ភ្នំភ្លើង

volcano

គីឡោកូបី

castle

ផ្នូរធ្នូ

rainbow

ផ្សិត

mushroom

ដើមត្នោត

palm tree

មូស

mosquito

រុយ

fly

ស្រមោច

ant

សត្វឃ្មុំ

bee

ពីងពាង

spider

សត្វកញ្ចចៃ

beetle

កង្កែបបៃ

frog

កំប្រុក

squirrel

សត្វកាំបុរមោ

hedgehog

ទន្សាយសុលឹក

hare

សត្វទីទុយ

owl

បក្សី

bird

ហង្ស

swan

ជ្រូក

boar

សត្វក្តាន់

deer

សត្វក្តជាន់

moose

ទំនប់

dam

កង្ហារខ្យល់

wind turbine

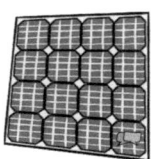

បន្ទះស្ងួឡ្យា

solar panel

អាកាសធាតុ

climate

ទសេភាព - landscape

ភោជនីយដ្ឋាន

restaurant

អ្នករត់តុ
waiter
មីនុយ
menu
កៅអី
chair
ស៊ុប
soup
ភីហ្សា
pizza
កាំបិត
cutlery
កម្រាលតុ
tablecloth

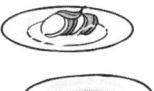

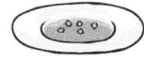

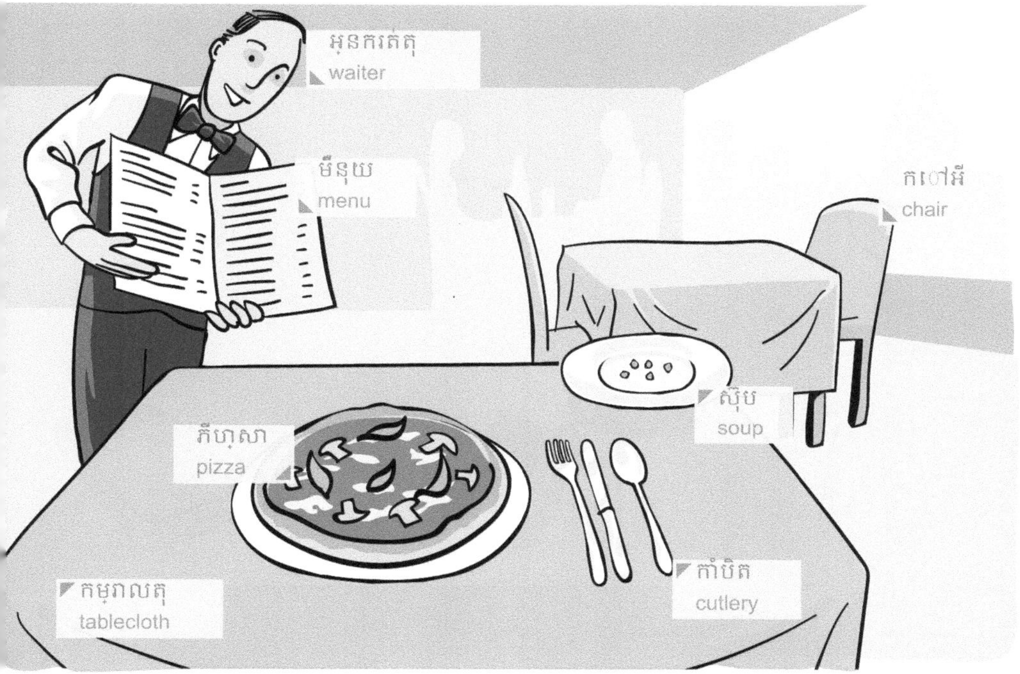

អាហារសម្រន់

starter

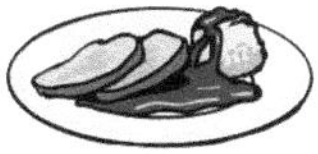

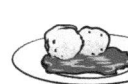

អាហារសំខាន់

main course

បង្អែម

dessert

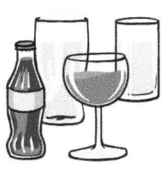

ភេសជ្ជៈ

drinks

អាហារ

food

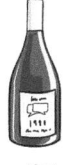

ដប

bottle

អាហារររហ័ស

fast food

អាហារតាមផ្លូវ

street food

ប៉ាន់តៃ

teapot

បុរអប់ស្ករ

sugar bowl

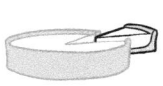

ចំណែក

portion

ម៉ាស៊ីនតុងកាហ្វេអ៊ិចស្ពុរ ស្ស

espresso machine

កៅអីខ្ពស់

high chair

វិក្កយបត្រ

bill

ថាស

tray

កាំបិត

knife

សម

fork

ស្លាបព្រា

spoon

ស្លាបព្រាកាហ្វេ

teaspoon

កន្សែងជូតខ្លួន

serviette

កវែ

glass

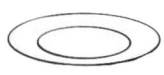

ចានទាប

plate

ចានស៊ុប

soup plate

ចានទូរនាប់

saucer

ទឹកជ្រុលេក់

sauce

ដបអំបិល

salt pot

ម៉ាស៊ីនកិនម្រេច

pepper mill

ទឹកខ្មេះ

vinegar

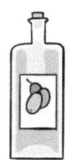

ប្រេង

oil

គ្រឿងទេស

spices

ទឹកប៉េងប៉ោះ

ketchup

ម៉ូតាក

mustard

ទឹកមយ៉ូណេ

mayonnaise

ផ្សារទំនើប
supermarket

ការផ្តល់ជូនពិសេស
special offer
FOR
អតិថិជន
customer
ទឹកដោះគោ
dairy
ផ្លែឈើ
fruit
រទេះរុញ
trolley

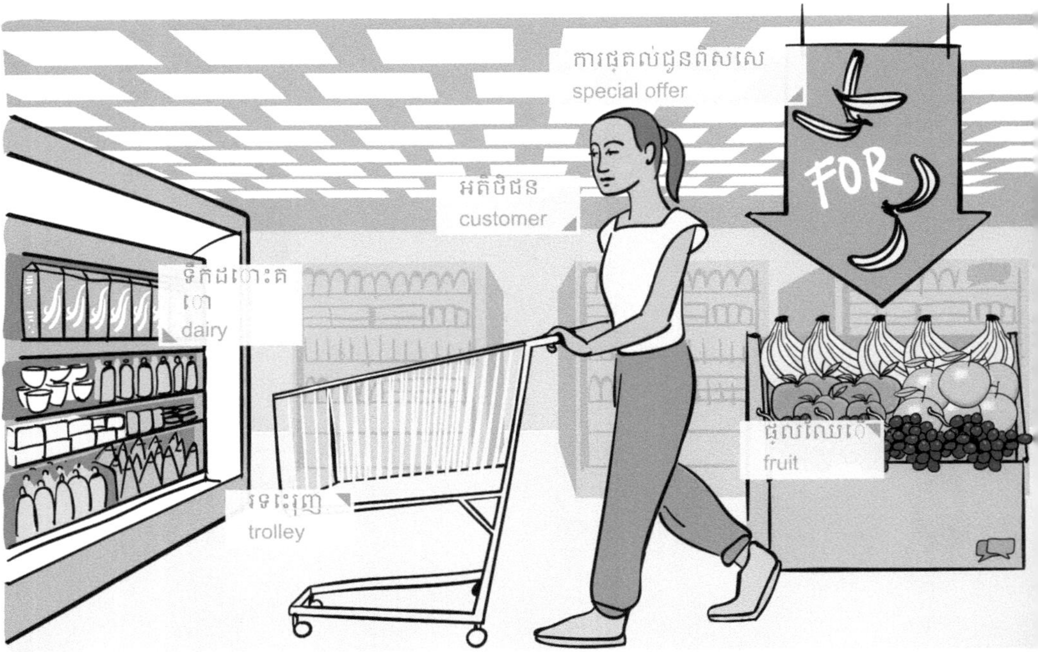

BUTCHERS

ហាងកាប់ជ្រូក

butcher´s

BAKERY

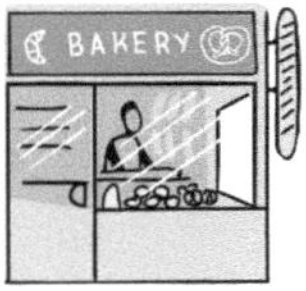

ហាងដុតនំ

baker´s

ថ្លឹង

weigh

បន្លែ

vegetables

សាច់

meat

អាហារក្លាសុស

frozen food

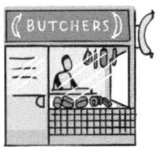

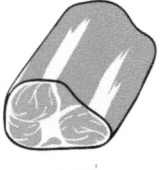

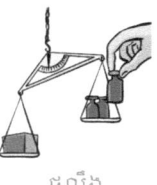

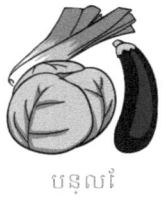

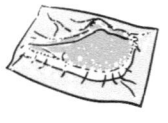

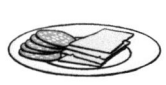

សាច់កុលាសរ

cold meat

អាហារកំប៉ុង

tinned food

មុសសៅវាឡង

washing powder

សុអរគ្រោប់

sweets

ផលិតផលក្នុងគ្រួសារ

household products

ផលិតផលសមុអាត

cleaning products

អនកលក់

salesperson

ថតដាក់លុយ

till

បវ្ទ្បា

cashier

បញ្ជីទិញទំនិញ

shopping list

ម៉ោងធ្វៅការ

opening hours

កាបូបលុយបុរស

wallet

កាតឥណទាន

credit card

ថង់

bag

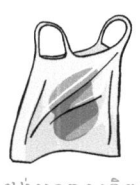

ថង់ប្លាស្ទិច

plastic bag

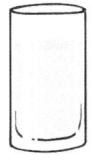

ទឹក

water

ទឹកផ្លែឈើ

juice

ទឹកដោះគោ

milk

កូកាកូឡា

coke

ស្រា

wine

ស្រាបៀរ

beer

គ្រឿងស្រវឹង

alcohol

កាកាវ

cocoa

តែ

tea

កាហ្វេ

coffee

កាហ្វេអេិចសុព្វរេស្សូ

espresso

កាហ្វេកាពូឈីណូ

cappuccino

ចេក

banana

ផ្លែប៉ោម

apple

ផ្លែក្រូច

orange

ឪឡឹក

melon

ក្រូចឆ្មា

lemon

ការ៉ុត

carrot

ខ្ទឹម

garlic

ឬស្សី

bamboo

ខ្ទឹមបារាំង

onion

ផ្សិត

mushroom

គ្រាប់ផ្លែឈើ

nuts

មី

noodles

ម៉ីអ៊ីតាលី

spaghetti

ហាយ

rice

សាឡាត់

salad

ដំឡូងចៀន

chips

ដំឡូងចៀន

fried potatoes

ភីហ្សា

pizza

បឺហ្គឺ

hamburger

សាំងវិច

sandwich

សាច់ជាប់ឆ្អឹងជំនី

cutlet

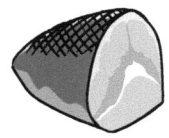

ហាំ

ham

សាឡាម៊ី

salami

សាច់ក្រក

sausage

សាច់មាន់

chicken

អាំង

roast

ត្រី

fish

អាវ៉ែនបបរ

porridge oats

មុយ្យូស៊ុលី

muesli

ដំឡូងចំណិត

cornflakes

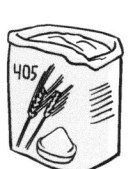

មុសរៅ

flour

នំគ្រួសង

croissant

នំប៉័ងមុយ៉ាងមូលតូចៗ

bread roll

នំប៉័ង

bread

អាំង

toast

នំប៊ីស្គី

biscuits

ប៊ីរ

butter

ទឹកដោះខាប់

curd

នំខេក

cake

ស៊ុត

egg

ស៊ុតចៀន

fried egg

ឈីស

cheese

ការ៉េម

ice cream

ស្ករ

sugar

ទឹកឃ្មុំ

honey

ជំណាប់

jam

កូរមែតាំងម៉ារ៉េ

chocolate spread

ការី

curry

កសិដ្ឋាន

farm

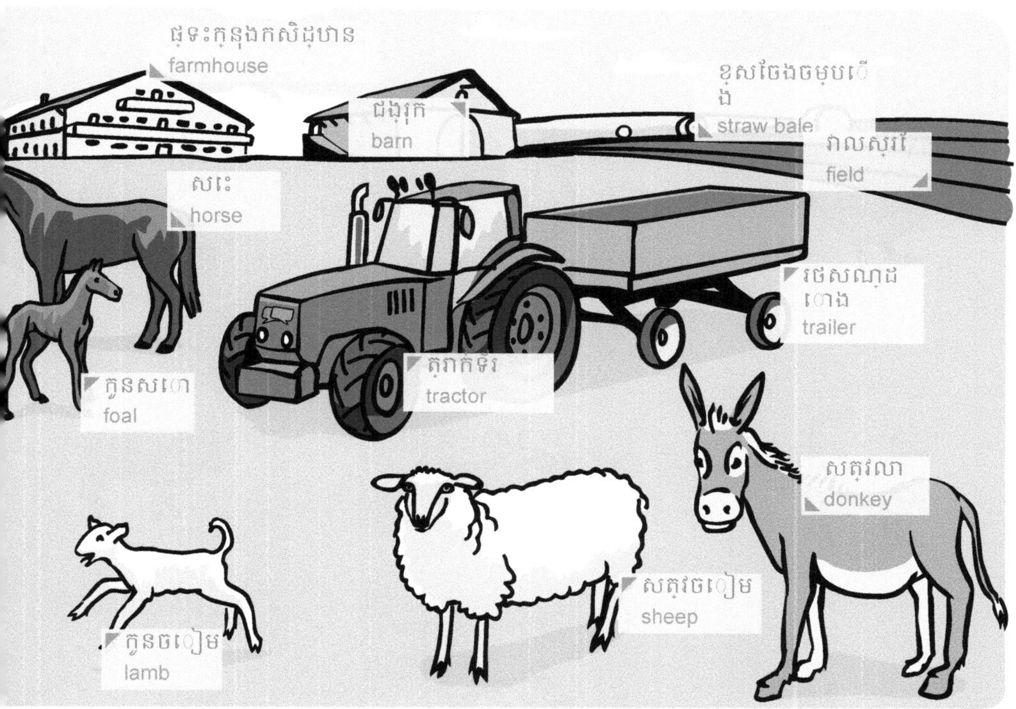
ផ្ទះក្នុងកសិដ្ឋាន
farmhouse
ជង្រុក
barn
ខុសចែងចម្បើង
straw bale
វាលស្រែ
field
សេះ
horse
រថសណ្ដោង
trailer
កូនសោ
foal
ត្រាក់ទ័រ
tractor
សត្វលា
donkey
សត្វចៀម
sheep
កូនចៀម
lamb

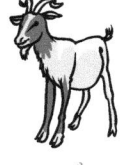

ពពែ

goat

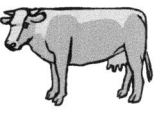

គោញី

cow

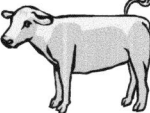

កូនគោ

calf

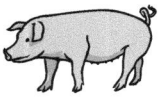

ជ្រូក

pig

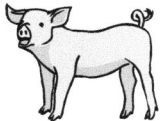

កូនជ្រូក

piglet

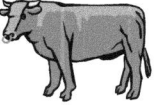

គោឈ្មោល

bull

សត្វក្ងាន

goose

ទា

duck

កូនមាន់

chick

មមោន់

hen

មាន់ឈ្មោល

cock

កណ្តុរ

rat

ឆ្មា

cat

កណ្ដុរប្រែមះ

mouse

គោឈ្មោល

ox

ឆ្កែ

dog

ផ្ទះឆ្កែ

doghouse

ទុយោទឹក

garden hose

ធុងស្រោចទឹក

watering can

ខូវរវែបក

scythe

នង្គ័ល

plough

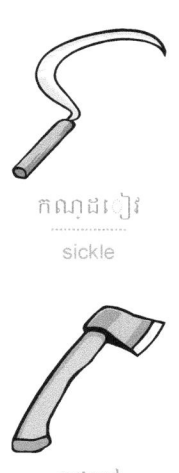

កណ្ដៀវ

sickle

ចបកាប់

hoe

នោស់

pitchfork

ពូថៅ

axe

រទេះរុញ

wheelbarrow

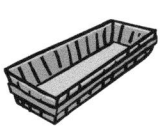

សុនូក

trough

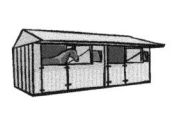

បុ៉ងទឹកដោះគោ

milk can

ហាវ

sack

របង

fence

កុរពោល

stable

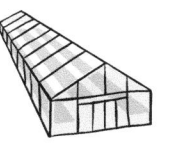

ផ្ទះកញ្ចក់

greenhouse

ដី

soil

គ្រាប់ពូជ

seed

fertilizer

ដី

ម៉ាស៊ីនប្រមូលផល

combine harvester

បុរមួលផល

harvest

ការបុរមួលផល

harvest

ដំឡូងជួរ

yams

សូរុវសាលី

wheat

សណ្ដែកែស្រៀង

soy

ដំឡូងជួរ

potato

ពោត

corn

គ្រាប់បុររ៉េវប៉ៃ

rapeseed

ដេ្ើមឈេ្ហ្ូបផុលវ

fruit tree

ដំឡូងមី

cassava

ចញ្ញជាតិ

cereals

បំពង់ផ្សែង
chimney

ដំបូល
roof

ទុយបង់ហួរទឹក
drainpipe

បង្អួច
window

ហ្គារាស
garage

កណ្ដឹងទ្វារ
doorbell

ទ្វារ
door

ធុងសំរាម
rubbish bin

បុរេប់សំបុត្រ
letterbox

សួនច្បារ
garden

វនទប់ទទួលភ្ញៀវ
living room

បន្ទប់ទឹក
bathroom

ផ្ទះបាយ
kitchen

បន្ទប់គេង
bedroom

បន្ទប់របស់កុមារ
child's room

បន្ទប់ទទួលទានអាហារ
dining room

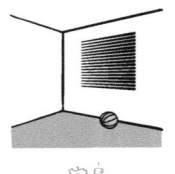

ជាន់

floor

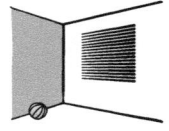

ជញ្ជាំង

wall

ពិដាន

ceiling

បន្ទប់ក្រោមដី

cellar

សួណា

sauna

យ៉ែរ

balcony

ផ្ទះវៃរបស្មេ៉នៅជមុរាល
ក្ន

terrace

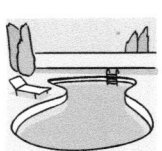

អាងហាលែទឹក

pool

ម៉ាស៊ីនកាត់ស្មៅនៅ

lawn mower

សន្លឹក

sheet

កម្រាលគ្រូវៃដេកេ

bedspread

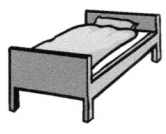

គ្រែ

bed

អំបោស

broom

ធុង

bucket

កុងតាក់

switch

បន្ទប់ទទួលភ្ញៀវ
living room

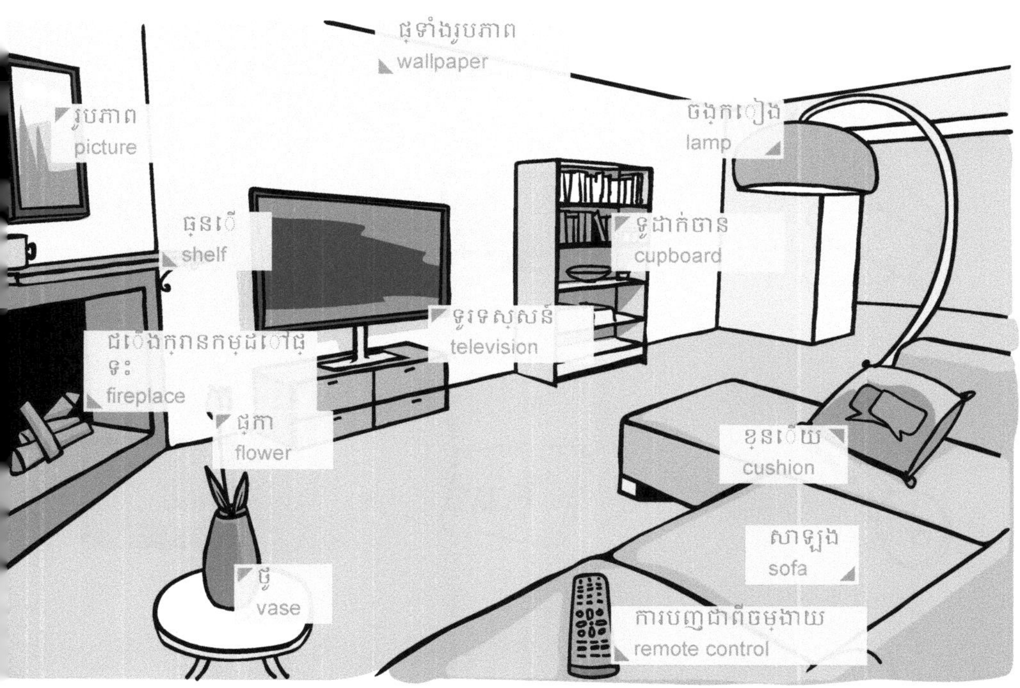

ផ្ទាំងរូបភាព
wallpaper
រូបភាព
picture
ចង្កៀង
lamp
ធ្នើ
shelf
ទូដាក់ចាន
cupboard
ទូរទស្សន៍
television
ជើងក្រានកម្ដៅផ្ទះ
fireplace
ផ្កា
flower
ខ្នើយ
cushion
សាឡុង
sofa
ថូ
vase
ការបញ្ជាពីចម្ងាយ
remote control

កម្រាលព្រំ

carpet

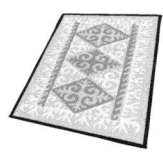

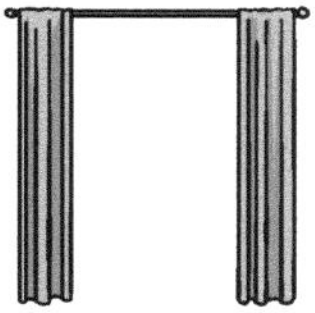

វាំងនន

curtain

តុ

table

កៅអី

chair

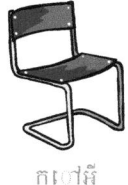

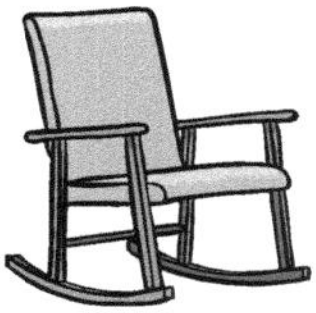

កៅអីហ៉ាក់ប៉ើក

rocking chair

កៅអីភ្នាក់ដៃ

armchair

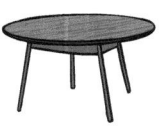

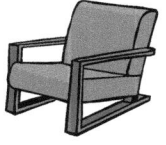

សៀវភៅ
book

ភួយ
blanket

ការតុបតែង
decoration

អុសដុត
firewood

ខុសវិភាគយន្ត
film

ឧបករណ៍ Hi-Fi
hi-fi equipment

កូនសោ
key

កាសែត
newspaper

គំនូរ
painting

ផ្ទាំងរូបភាព
poster

វិទ្យុ
radio

ណ្ឌូតផតេ
notepad

ម៉ាស៊ីនបូមធូលី
hoover

ដំបងយកុស
cactus

ទៀន
candle

ផ្ទះបាយ
kitchen

ទូរទឹកកក
fridge
ចង្ក្រានមីក្រូវ៉េវ
microwave oven
ជញ្ជីងផ្ទះបាយ
kitchen scales
ប្រដាប់អាំងនំប៉័ង
toaster
សាប៊ូបោកខោអាវ
detergent
ចង្ក្រាន
oven
ាស៊ីនធ្វើឲ្យកក
eezer
ធុងសំរាម
rubbish bin
ម៉ាស៊ីនលាងចាន
dishwasher

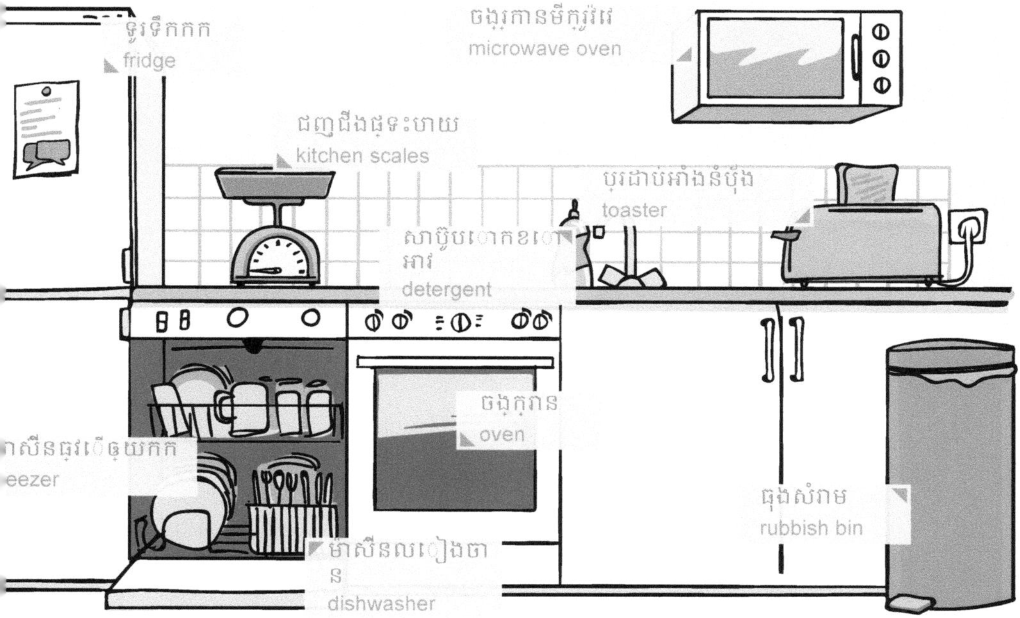

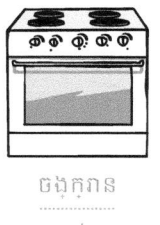

ចង្ក្រាន

cooker

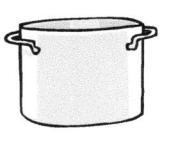

ឆ្នាំង

pot

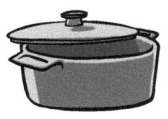

ឆ្នាំងដែក

cast-iron pot

ខ្ទះ / ខ្ទះឥណ្ឌា

wok / kadai

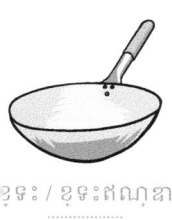

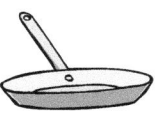

ខ្ទះ

pan

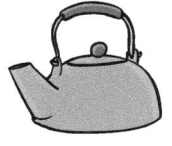

កំសៀវ

kettle

ឆ្នាំងចំហុយ

steamer

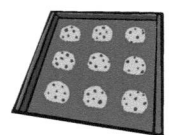

ថាសដុតនំ

baking tray

គ្រឿងចានឆ្នាំងជើ

crockery

ថ្វី

mug

ចានគោម

bowl

ចង្កឹះ

chopsticks

វែកសមុល

ladle

វែកកួរ

spatula

ប្រដាប់វាយក្រឡុក

whisk

តម្រង

strainer

កន្ទុករង

sieve

ប្រដាប់កោសផ្លែ

grater

គ្រហាល់

mortar

ការអាំងសាច់

barbecue

ចង្ក្រានចំហ

open fire

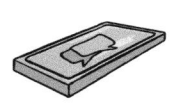

ជុរញ្ញៀ

chopping board

ឬរដាប់កិនម្សៅ

rolling pin

ឬរដាប់ម្សៅបើកឆ្នុកសុរា

corkscrew

កំប៉ុង

can

ឬរដាប់បើកកំប៉ុង

can opener

កុរណាត់ទុរាប់ឆ្នាំង

pot holder

កន្លែងដៃលាងចាន

sink

ជក់

brush

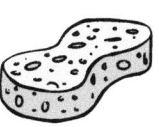

អប៉ុង

sponge

ម៉ាស៊ីនកូរឡ្បុក

blender

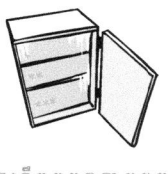

ទូទឹកកកខ្នាតតូច

deep freezer

ដបទឹកដោះគោ

baby bottle

រ៉ូប៉ីណេ

tap

បន្ទប់ទឹក

bathroom

កម្ដៅ
heating
ផ្កាឈូក
shower
កន្សែង
towel
វាំងននងូតទឹកផ្កាឈូក
shower curtain
ការងូតទឹកពពុះ
bubble bath
អាងងូតទឹក
bathtub
កែវ
glass
ម៉ាស៊ីនបោកគក់
washing machine
រ៉ូប៊ីណេ
tap
ក្រឡាក្បឿង
tiles
ចានបង្គន់
potty
កន្លែងលាងចាន
sink

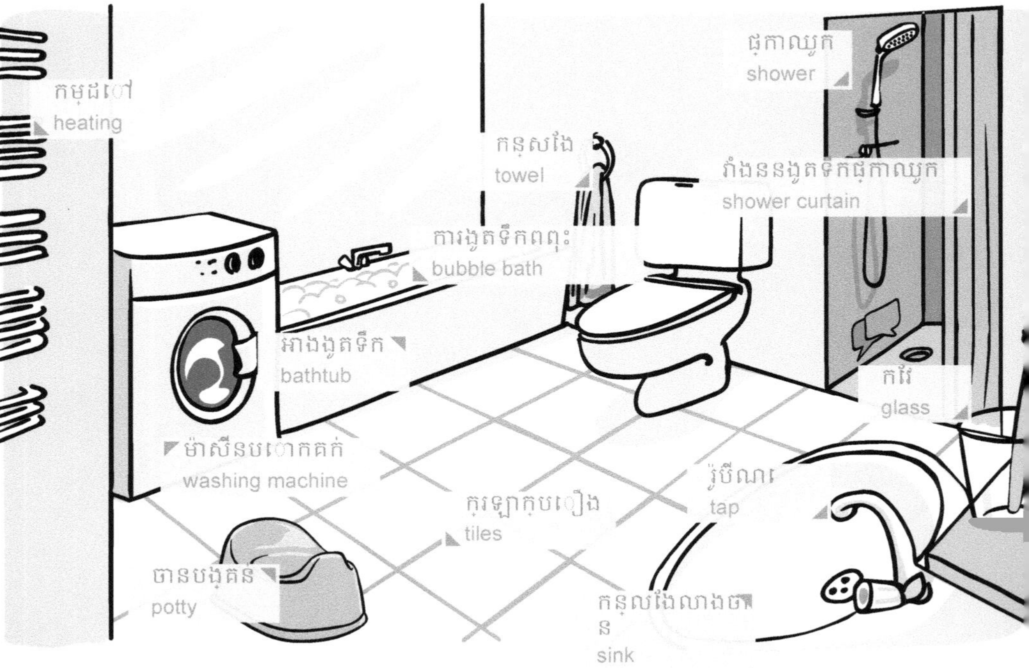

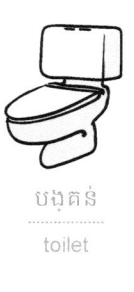

បង្គន់

toilet

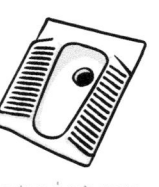

បង្គន់អង្គុយ

squat toilet

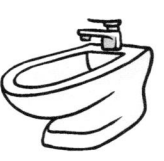

ផើងជម្រះកាយ

bidet

កុលាំទឹកនោម

urinal

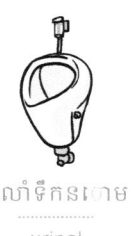

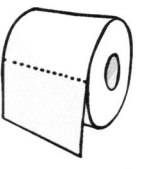

ក្រដាសបង្គន់

toilet paper

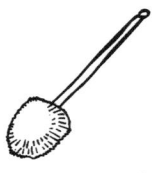

ច្រាសដុសបង្គន់ន

toilet brush

ច្រាសដុសធ្មេញ

toothbrush

ថ្នាំដុសធ្មេញ

toothpaste

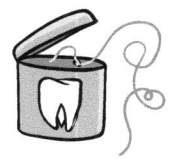

ខ្សែទាក់សម្អាតធ្មេញ

dental floss

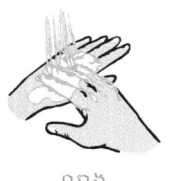

លាង

wash

បុរដាប់ដាក់ដៃផ្កាឈូក

handheld shower

ទឹកថ្នាំសម្រាប់ហាញ់លាង

douche

អាង

basin

ច្រាសដុសខ្នង

back brush

សាប៊ូ

soap

រសម្រាប់ងូតទឹកផ្កាឈូក

shower gel

សាប៊ូ

shampoo

សកលាត

flannel

បំពង់បង្ហូរទឹក

drain

ក្រែម

cream

ថ្នាំបំហាត់ក្លិនអាក្រក់

deodorant

កញ្ចក់

mirror

កញ្ចក់ដៃ

hand mirror

បុរដាប់កោរ

razor

ហ្វូមកោរពុកមាត់

shaving foam

ទឹកលាងក្រោយកោរពុកម
ាត់រួច

aftershave

កូរស

comb

ជក់

brush

បុរដាប់សមុង្កូតសក់

hair dryer

ស្ពុករាយបាញ់សក់

hairspray

ការតុបតែងមុខ

makeup

កូរមេលាបមាត់

lipstick

ថ្នាំលាបក្រចក

nail varnish

រោមកប្បាស

cotton wool

កន្ត្រៃកាត់ក្រចក

nail scissors

ទឹកអប់

perfume

កាបូបបោកគក់

washbag

លាមក

stool

ជញ្ជីងថ្លឹងទម្ងន់

weighing scale

អាវពាក់ងូតទឹក

bathrobe

ស្រោមដៃកៅស៊ូ

rubber gloves

ឆ្នុក

tampon

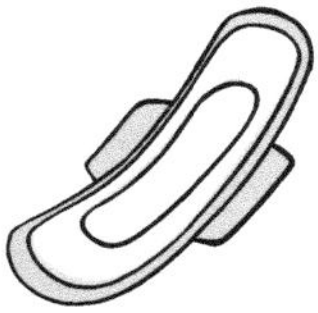

កន្សែងអនាម័យ

sanitary towel

បង្គន់គីមី

chemical toilet

នាឡិការោទ៍
alarm clock

បុរដាបកុមងេអាបលង
cuddly toy

រថយន្តកុមងេលង
toy car

ផ្ទះកូនក្រមុំដូរ
doll's house

អំណោយ
present

បុរដាប់អង្រនែលង
rattle

បំងប់ាង
balloon

គូរវី
bed

ទេះរេញ្ញទារក
pram

ហ្វិបេ្បៀ
deck of cards

រូបផ្គុំ
jigsaw

កំបុលងែ
comic

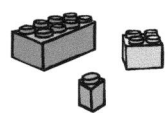

ឣដុប Lego

lego bricks

ឬលុកបុរដោប់កុមដេលដេ

building blocks

គូលខេសកមុមភាព

action figure

ឧពោអាវទារក

babygrow

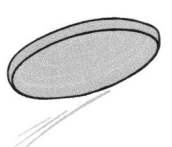

ការគប់ចាស

frisbee

ទូសិញ្ចទដៃ

mobile

កុតារលុបដែ

board game

គុរាប់ឡ្យកឡ្ញាក់

dice

ឈុតថេភុលៃដគុំរ

model train set

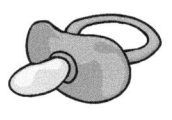

រូបសំណាក

dummy

គណាបកុស

party

សរ្បៀវភៅរូបភាព

picture book

ហាល់

ball

កូនកុរម្ញុំគុកុកតា

doll

លដេ

play

របោដៅខ្សាច់

sandpit

ទ្រោង

swing

ប្រដាប់ក្មេងលេង

toys

កុងសួលវីដអេ្វហ្គេម

video game console

គ្រីចក្ររយានយន្ត

tricycle

តុក្កតាខ្លាឃ្មុំ

teddy bear

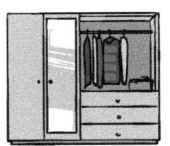

ទូខោអាវ

wardrobe

សម្លៀកបំពាក់
clothing

ស្រោមជើង

socks

ស្រោមជើងវែង

stockings

ខោទ្រនាប់នារី

tights

ក្រមា
scarf

ឆត្រ
umbrella

អាវយឺត
t-shirt

រ័ក្សែរ៉ាត់

សុ្បកែជើងហាតា
trainers

សុ្បកែជើងករវេង
boots

សុ្បកែជើងពាក់នៅផ្ទះ
slippers

ុ្បកែជើងសង្ខរែ
....
sandals

សុ្បកែជើង
....
shoes

សុ្បកែជើងករវែងកៅស៊ូ
....
rubber boots

ខោទ្រនាប់បុរស
....
underpants

អាវទ្រនាប់
....
bra

អាវកាក់
....
vest

សម្លៀកបំពាក់ - clothing   45

រាងកាយ

body

ខោពៃ្វង

trousers

ខោខ្លីយឺ

jeans

សំពត់

skirt

អាវកុរ្តេ

blouse

អាវ

shirt

អាវយឺត

pullover

អាវយឺត

hoodie

អាវធំ

blazer

អាវកុរ្តេ

jacket

អាវធំ

coat

អាវកុឡ្យ្រៀង

raincoat

គុរ្វរ្យៀងតវៃង

costume

អាវវៃង

dress

សំលៀកបំពាក់អាពាហ៍ពិពា
ហ៍

wedding dress

ខោអាវឈុត

suit

រូបរាគ្គូរី

nightgown

ឈុតគេង

pyjamas

សារី

sari

កន្សែងជួតកុហាល

headscarf

ឆ្នួត

turban

សុបម៉ែខ

burqa

kaftan

kaftan

abaya

abaya

ឈុតហាលែទឹក

swimsuit

ខោខ្លី

trunks

ខោខ្លី

shorts

ឈុតហាត់កីឡា

tracksuit

អាវអេប្រៀម

apron

ស្រោមដៃ

gloves

ឲ្យរអោរ

button

វ៉ែនតា

glasses

ខ្សែដៃ

bracelet

ខ្សែក

necklace

ចិញ្ចៀន

ring

កុរវិល

earring

មួក

cap

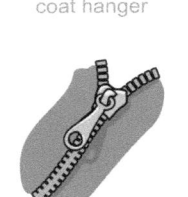

ប្រដាប់ពួយអោវក្រុវៅ

coat hanger

មួក

hat

ក្រវ៉ាត់ក

tie

រូត

zip

មួកសុវត្ថិភាព

helmet

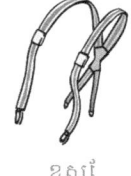

ខ្សែវៃ

braces

ឯកសណ្ឋានសាលា

school uniform

ឯកសណ្ឋាន

uniform

សមុលរៀកបំពាក់ - clothing

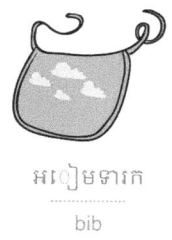

អៀមទារក

bib

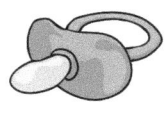

រូបសំណាក

dummy

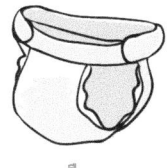

ខោទឹកនោម

nappy

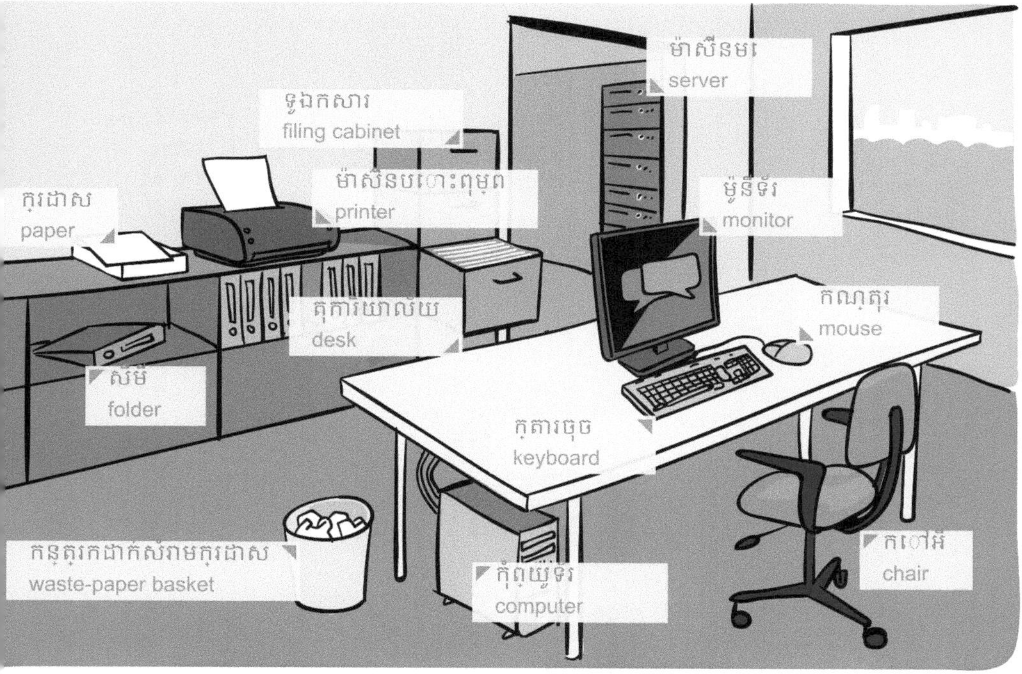

ការិយាល័យ

office

ម៉ាស៊ីនមេ
server
ទូឯកសារ
filing cabinet
ក្រដាស
paper
ម៉ាស៊ីនបោះពុម្ព
printer
ម៉ូនីទ័រ
monitor
តុការិយាល័យ
desk
កណ្ដុរ
mouse
សឺមី
folder
ក្ដារចុច
keyboard
កន្ត្រកដាក់សំរាមក្រដាស
waste-paper basket
កុំព្យូទ័រ
computer
កៅអី
chair

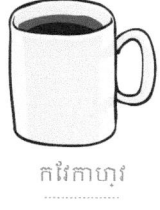

កែវកាហ្វេ

coffee mug

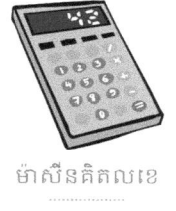

ម៉ាស៊ីនគិតលេខ

calculator

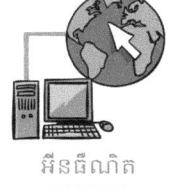

អ៊ីនធឺណិត

internet

កុំព្យូទ័រយួរដៃ

laptop

លិខិត

letter

សារ

message

ទូរស័ព្ទដៃ

mobile

បណ្តាញ

network

ម៉ាស៊ីនថតចម្លង

photocopier

សូហ្វវែរ

software

ទូរស័ព្ទ

telephone

រន្ធជភ្ជាប់

plug socket

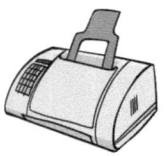

ម៉ាស៊ីនទូរសារ

fax machine

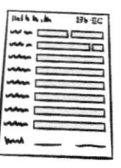

ទម្រង់បែបបទ

form

ឯកសារ

document

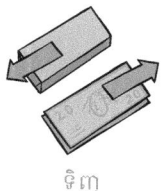

ទិញ

buy

បង់ប្រាក់

pay

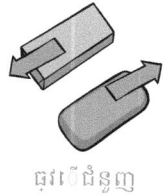

ធុរជំនួញ

trade

លុយ

money

ប្រាក់ដុល្លារ

dollar

ប្រាក់អឺរ៉ូ

euro

ប្រាក់យ៉េន

yen

ប្រាក់រូបិល

rouble

ហ្វ្រង់ស្វីស

Swiss franc

ប្រាក់យ៉័ន

renminbi yuan

ប្រាក់រ៉ូពី

rupee

កន្លែងដែលប្រើសាច់ប្រាក់

cashpoint

ការិយាល័យបតូរប្រាក់

bureau de change

មាស

gold

ប្រាក់

silver

ប្រេង

oil

ថាមពល

energy

តម្លៃ

price

កិច្ចសន្យា

contract

ពន្ធ

tax

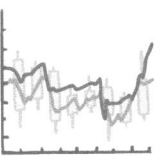

ភាគហ៊ុន

stock

ធ្វើការ

work

បុគ្គលិក

employee

និយោជក

employer

រោងចក្រ

factory

ហាង

shop

មុខរបរ
occupations

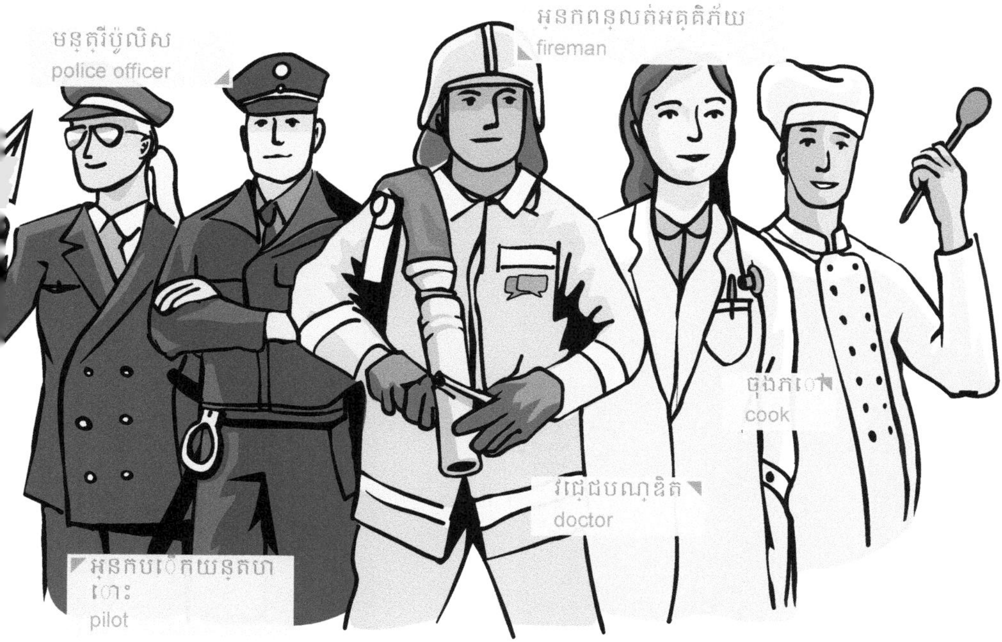
មន្ត្រីប៉ូលិស
police officer
អ្នកពន្លត់អគ្គិភ័យ
fireman
ចុងភៅ
cook
វេជ្ជបណ្ឌិត
doctor
អ្នកបើកយន្តហោះ
pilot

អ្នកថែសួន

gardener

ជាងឈើ

carpenter

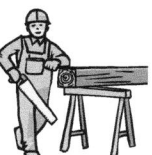

ជាងកាត់ដេរ

seamstress

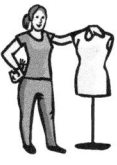

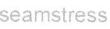

ចៅក្រម

judge

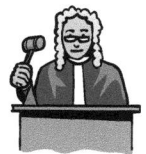

គីមីវិទូ

chemist

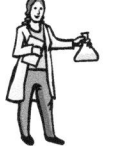

តួកុន

actor

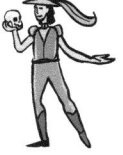

អ្នកបើកឡានក្រុង

bus driver

អ្នកបើកតាក់ស៊ី

taxi driver

អ្នកនេសាទ

fisherman

ស្ត្រីអ្នកសម្អាត

cleaning lady

ជាងដំបូល

roofer

អ្នករត់តុ

waiter

អ្នកបរបាញ់សត្វ

hunter

វិចិត្រករ

painter

អ្នកដុតនំ

baker

ជាងអគ្គីសនី

electrician

ជាងសំណង់

builder

វិស្វករ

engineer

អ្នកការប់សាច់

butcher

ជាងជួសជុលទុយោរទឹក

plumber

អ្នករត់សំបុត្រ

postman

ទាហាន
soldier

ស្ថាបត្យករ
architect

បេឡា
cashier

អ្នកលក់ផ្កា
florist

អ្នកអ៊ុតសក់
hairdresser

អ្នកយកលុយ
conductor

ជាងម៉ាស៊ីន
mechanic

កាពីទែន
captain

ពទ្យធ្មេញ
dentist

អ្នកវិទ្យាសាស្ត្រ
scientist

គ្រូបង្រៀនច្បាប់សញ្ញាជាតិ
ជ្វីហារ
rabbi

លោកសង្ឃយចាម
imam

ព្រះសង្ឃ
monk

បព្វជិត
clergyman

ឧបករណ៍

tools

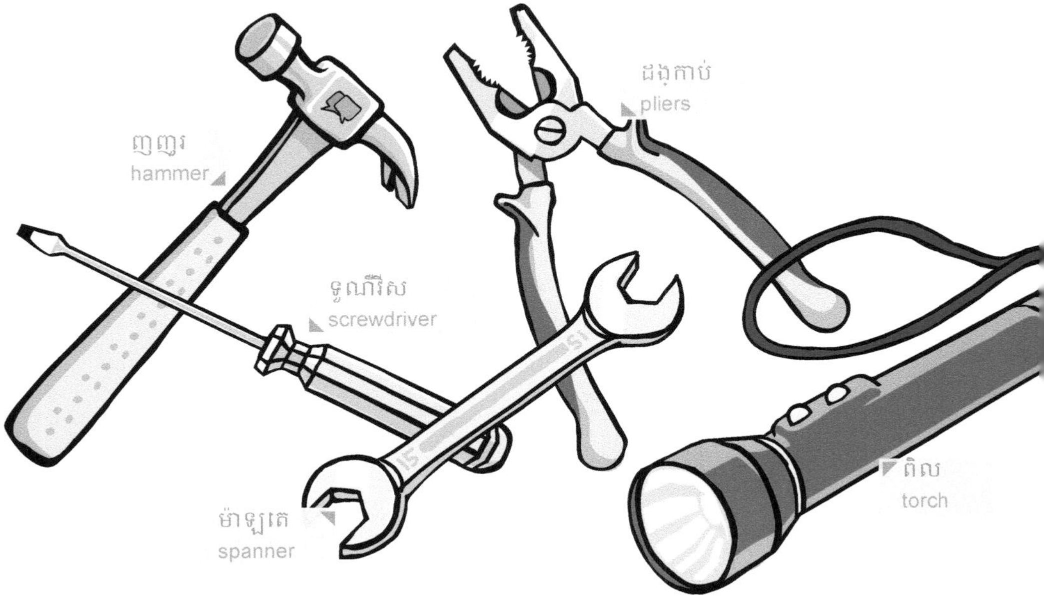

ញញួរ
hammer
ទួណឺវីស
screwdriver
ដង្កាប់
pliers
ម៉ាឡេត
spanner
ពិល
torch

ម៉ាស៊ីនជីក

digger

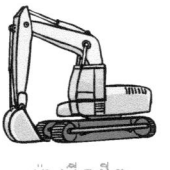

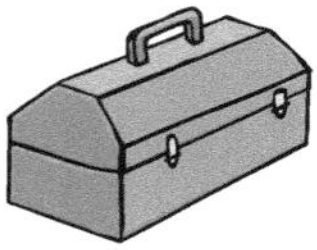

ប្រអប់ឧបករណ៍

toolbox

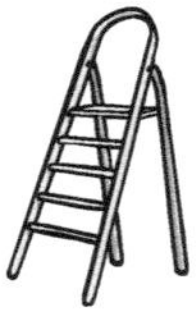

ជណ្ដើរ

ladder

រណារ

saw

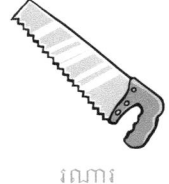

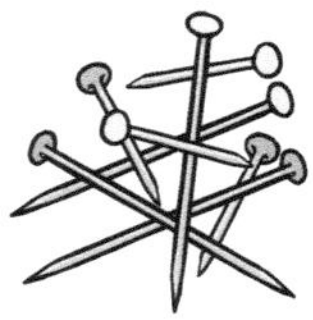

ដែកគោល

nails

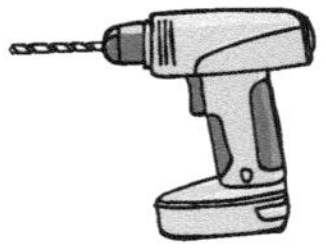

ប្រដាប់ស្វាន

drill

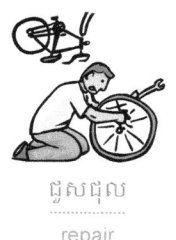

ជួសជុល

repair

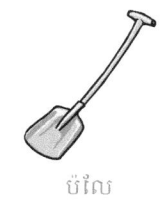

ប៉ែល

shovel

ចង្រៃ!

Damn!

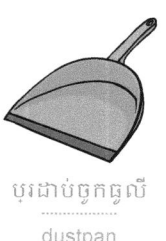

ប្រដាប់ចូកធូលី

dustpan

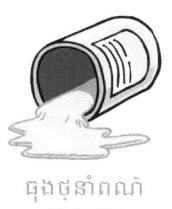

ធុងថ្នាំពណ៌

paint pot

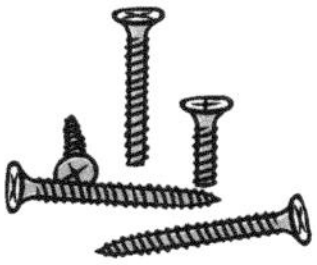

វីស

screws

ឧបករណ៍តន្ត្រី

musical instruments

ឧបករណ៍បំពងសំឡេង
loudspeaker
ឈុតស្គរ
drum kit
ហ្គីតា
guitar
ហាសពីរ
double bass
ត្រែ
trumpet

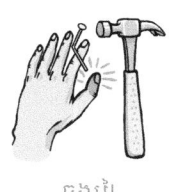

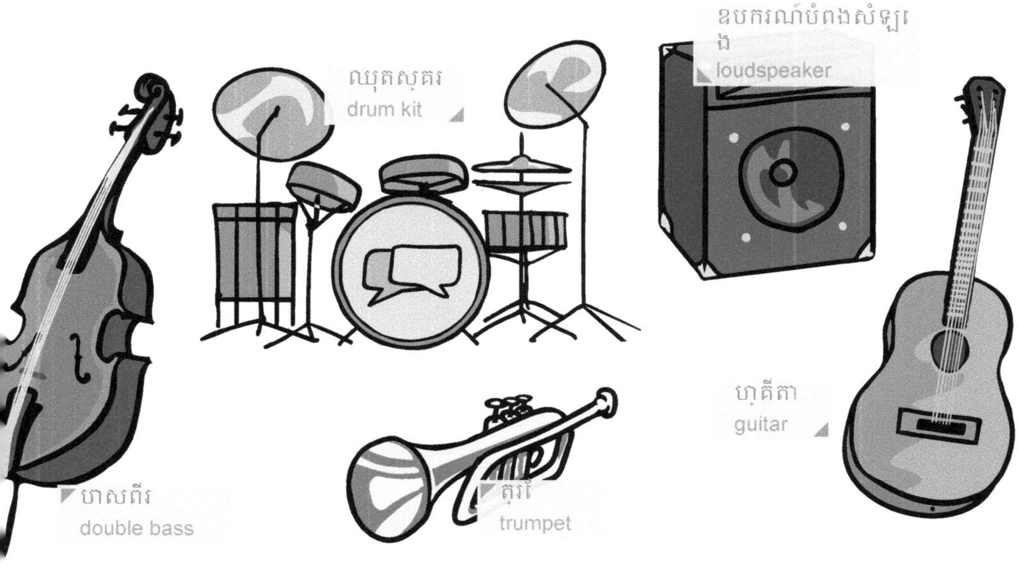

ពុយាណូ

piano

វីយ៉ូឡុង

violin

បាស

bass

ស៊ុតរពោសសុបកែមុយ៉ាង

timpani

ស៊ុតរ

drums

យ៉ឺបត

keyboard

សាក់ស្វហ្វូន

saxophone

ខ្លុយ

flute

ម៉ឺក្រូហ្វូន

microphone

ឧបករណ៍តន្ត្រី - musical instruments

សួនសត្វ

ZOO

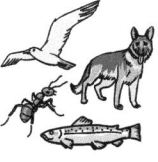

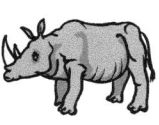

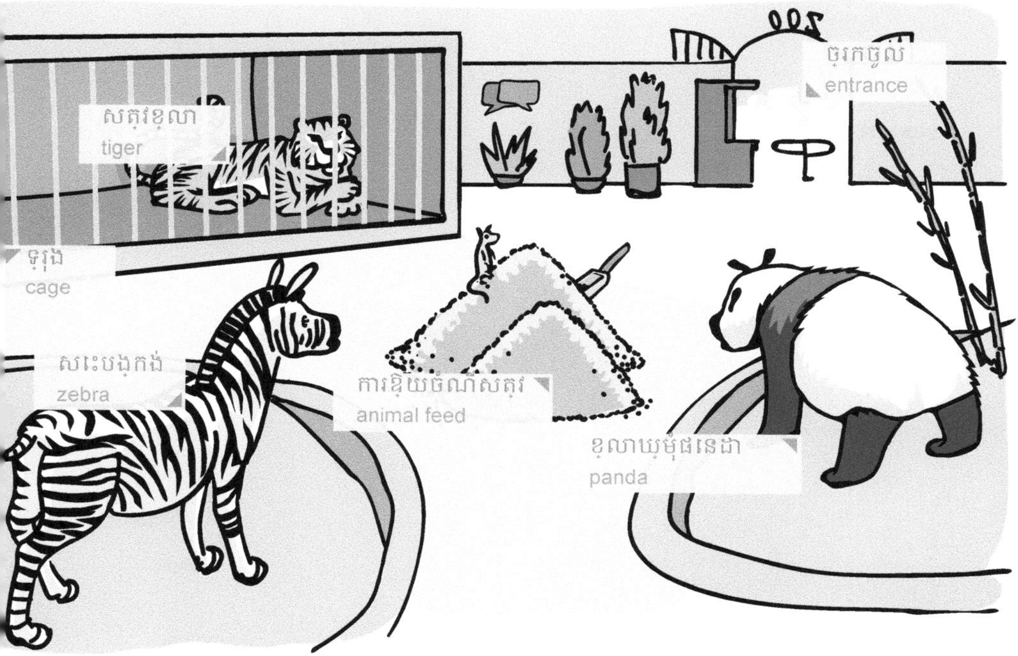

zoo
ច្រកចូល
entrance
សត្វខ្លា
tiger
ទ្រុង
cage
សេះបង្កង់
zebra
ការឱ្យចំណីសត្វ
animal feed
ខ្លាឃ្មុំផេនដា
panda

សត្វ

animals

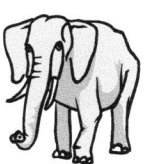

សត្វដំរី

elephant

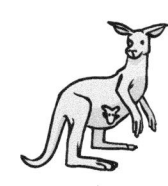

សត្វកង់ហ្គារូ

kangaroo

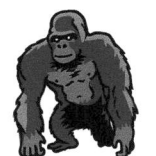

សត្វរមាស

rhino

សត្វស្វាហ្គ័រីឡា

gorilla

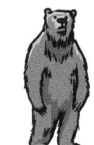

ខ្លាឃ្មុំពណ៌ត្នោត

bear

សត្វអូដ្ឋប

camel

សត្វអូទ្រីស

ostrich

សត្វតោ

lion

ស្វា

monkey

សត្វកុររៀល

flamingo

សកែ

parrot

ខ្លាឃ្មុំតំបន់ប៉ូល

polar bear

ផេនឃ្វីន

penguin

ត្រីឆ្លាម

shark

ក្ងោកពក

peacock

សត្វពស់

snake

ក្រពើ

crocodile

អ្នករក្សាសូនសត្វ

zookeeper

ផ្សោទឹក

seal

ខ្លារខិនមុយ៉ាង

jaguar

សួនសត្វ - zoo

ក្មនសរៈ

pony

ខ្លារខិន

leopard

សត្វរដីវទឹក

hippo

សត្វករវៃ

giraffe

ឥន្ទ្រី

eagle

ជ្រូក

boar

ត្រី

fish

អណ្តើកប៉ក

turtle

លពោមមច្ចា

walrus

កញ្ជ្រោងរពាង

fox

ក្ដាន់

gazelle

កីឡាហាត់អាមេរិក
American football

ការបុករណាំងកង់
cycling

កីឡាថេនីស
tennis

កីឡាហាល់បះពោះ
basketball

កីឡាហាលែទឹក
swimming

កីឡាវាយកូនហាល់លេ
កិក
ice hockey

កីឡាប្រដាល់
boxing

កីឡាហាល់ទាត់
football

កីឡាវាយសី
badminton

អត្តពលកម្ម
athletics

កីឡាហាល់កាន់
handball

ការជិះស្គី
skiing

ប៉ូឡូ
polo

សរសេរ
write

គូរ
draw

បង្ហាញ
show

រុញ
push

ថ្វាយ
give

យក
take

មាន	ធ្វេី	គឺ
have	do	be

ឈរ	រត់	ទាញ
stand	run	pull

បោះ	ធ្លាក់	កុហាក
throw	fall	lie

រង់ចាំ	យួរ	អង្គុយ
wait	carry	sit

សុលៀកពាក់	ដេក	ភ្ញាក់ឡ្យេឡើង
get dressed	sleep	wake up

សកម្មភាពនានា - activities

មើល

look at

យំ

cry

គូសវាស

stroke

សិតសក់

comb

និយាយ

talk

យល់

understand

សួរ

ask

ស្ដាប់

listen

ផឹក

drink

បរិភោគ

eat

សម្អាត

tidy up

ស្រលាញ់

love

ចម្អិន

cook

បើកបរ

drive

ហោះ

fly

ចតែទូក

sail

គណនា

calculate

អាន

read

រៀន

learn

ធ្វើការ

work

រៀបការ

marry

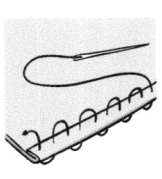

ដេរ

sew

ដុសធ្មេញ

brush teeth

សម្លាប់

kill

ជក់

smoke

ផ្ញើរ

send

សកម្មភាពនានា - activities

ក្រុមគ្រួសារ
family

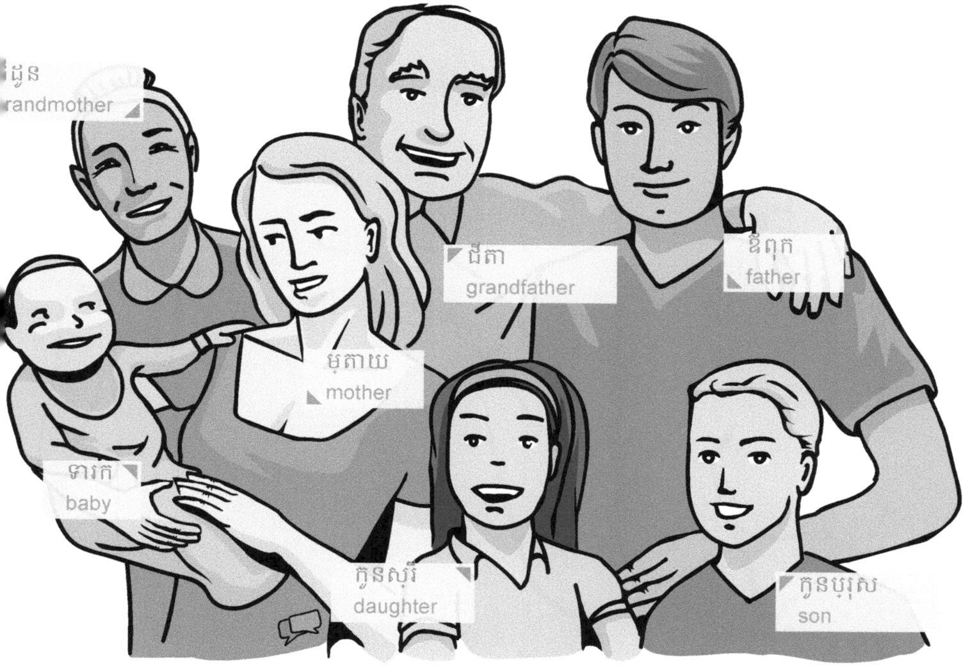
ដូន
randmother
ជីតា
grandfather
ឪពុក
father
ម្តាយ
mother
ទារក
baby
កូនស្រី
daughter
កូនប្រុស
son

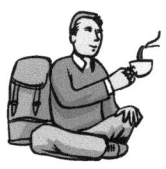

ភ្ញៀវ

guest

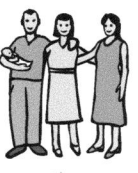

មីង

aunt

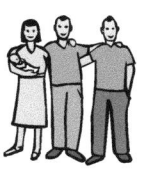

ពូ

uncle

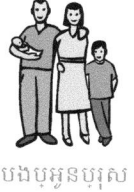

បងប្អូនប្រុស

brother

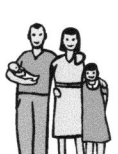

បងប្អូនស្រី

sister

រាងកាយ

body

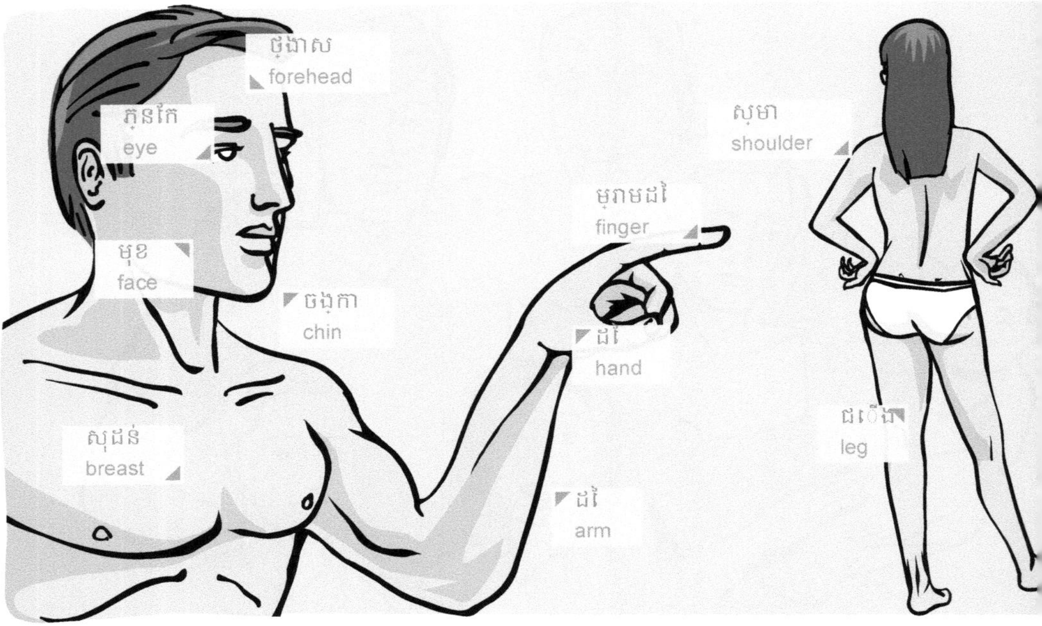

ថ្ងាស
forehead

ភ្នែក
eye

មុខ
face

ចង្កា
chin

សុដន់
breast

ស្មា
shoulder

មុរាមដៃ
finger

ដៃ
hand

ជើង
leg

ដៃ
arm

ទារក
baby

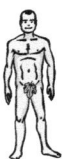

បុរស
man

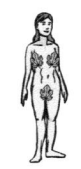

ស្ត្រី
woman

ក្មេងស្រី
girl

ក្មេងប្រុស
boy

ក្បាល
head

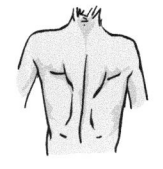

ខ្នង

back

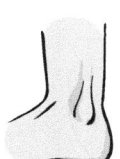

ពោះ

belly

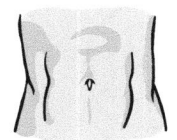

ផ្ចិត

belly button

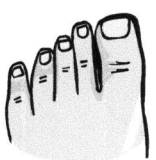

ម្រាមជេីង

toe

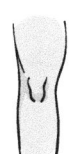

កែងជេីង

heel

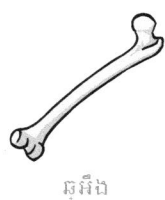

ឆ្អឹង

bone

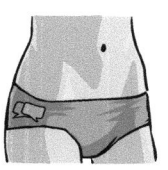

គូទគោក

hip

ជង្គង់

knee

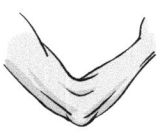

កែងដៃ

elbow

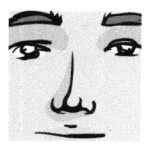

ច្រមុះ

nose

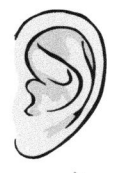

គូទ

bottom

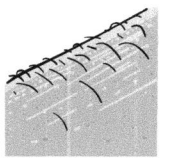

ស្បែក

skin

ថ្ពាល់

cheek

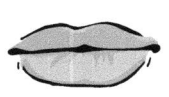

ត្រចៀក

ear

ៗ

បបូរមាត់

lip

មាត់

mouth

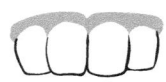

ធ្មេញ

tooth

អណ្ដាត

tongue

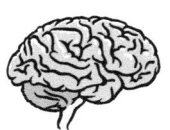

ខួរក្បាល

brain

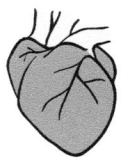

បេះដូង

heart

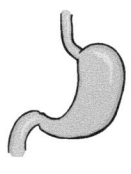

សាច់ដុំ

muscle

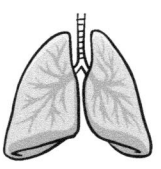

សួត

lung

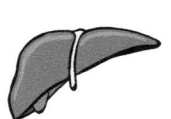

ថ្លើម

liver

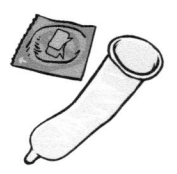

ក្រពះ

stomach

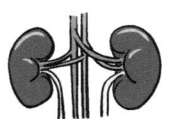

តម្រងនោម

kidneys

ការរួមភេទ

sex

ស្រោមអនាម័យ

condom

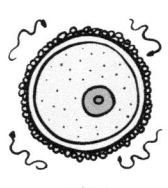

អូវុល

ovum

ទឹកកាម

semen

ការមានផ្ទៃពោះ

pregnancy

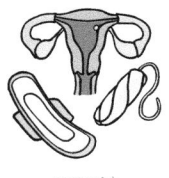

មករដូវ

menstruation

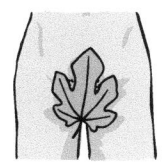

ទ្វាមាស

vagina

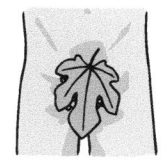

លិង្គ

penis

ចិញ្ចើមៃ

eyebrow

សក់

hair

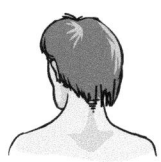

ក

neck

មន្ទីរពេទ្យ
hospital

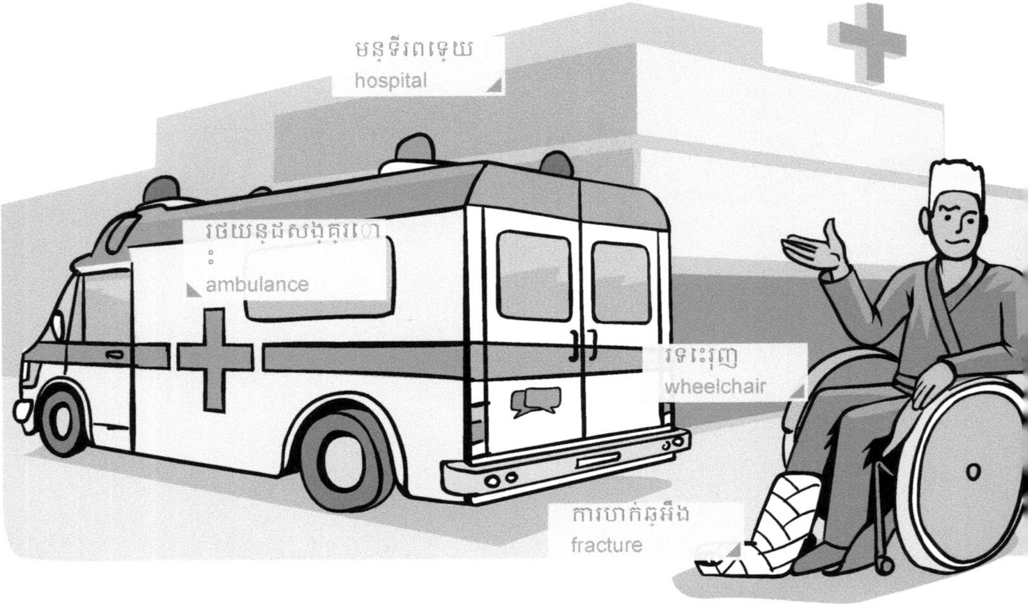

មន្ទីរពេទ្យ
hospital
រថយន្តសង្គ្រោះ
ambulance
រទេះរុញ
wheelchair
ការបាក់ឆ្អឹង
fracture

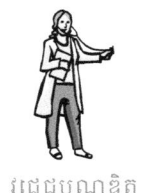

វេជ្ជបណ្ឌិត
doctor

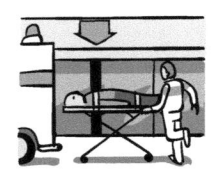

បន្ទប់សង្គ្រោះបន្ទាន់
emergency room

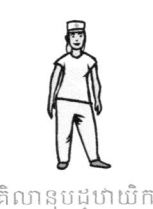

គិលានុបដ្ឋាយិកា
nurse

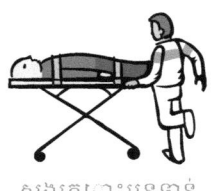

សង្គ្រោះបន្ទាន់
emergency

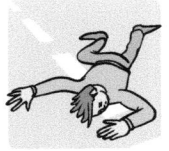

សន្លប់
unconscious

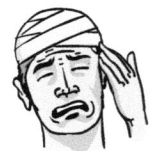

ការឈឺចាប់
pain

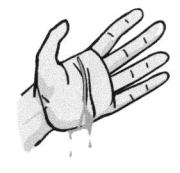

ការរងរបួស

injury

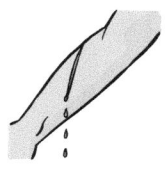

ការហូរឈាម

bleeding

គាំងបេះដូង

heart attack

ដីដាច់សរសៃឈាមក្នុង
ក្បាល

stroke

អាលែកហ្ស៊ី

allergy

ក្អក

cough

ជំងឺគ្រុន

fever

ជំងឺផ្តាសាយ

flu

ជំងឺរាគរូស

diarrhoea

ឈឺក្បាល

headache

ជំងឺមហារីក

cancer

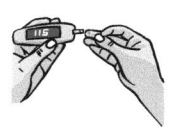

ជំងឺទឹកនោមផ្អែម

diabetes

គ្រូពេទ្យវះកាត់

surgeon

កាំបិតវះកាត់

scalpel

ប្រតិបត្តិការ

operation

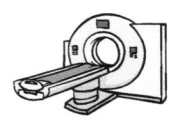

CT

CT

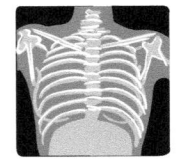

កាំរស្មីអ៊ិច

x-ray

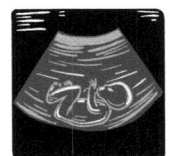

អេក្វ

ultrasound

របាំងមុខ

face mask

ជំងឺ

disease

បង់ចាំបន្ទប់

waiting room

ឈើច្រត់

crutch

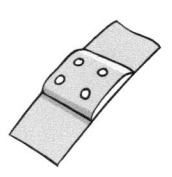

មុនាងសិលា

plaster

បង់រុំ

bandage

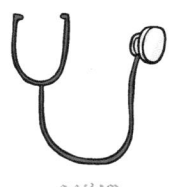

ការចាក់ថ្នាំ

injection

ស្តុដគ្វេ

stethoscope

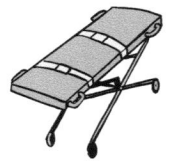

ស្នងដែរប្លូស

stretcher

ទែម៉ូម៉ែត្រពេទ្យបាល

clinical thermometer

កំណើត

birth

លើសទម្ងន់

overweight

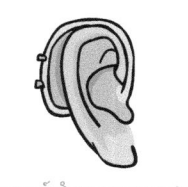

ករណ៍ជំនួយការស្ដាប់

hearing aid

សារធាតុសម្លាប់មេរោគ

disinfectant

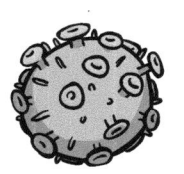

ការឆ្លងមេរោគ

infection

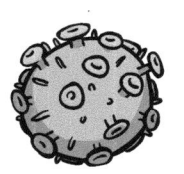

មេរោគ

virus

មេរោគអេដស៍ / ជំងឺអេដស៍

HIV / AIDS

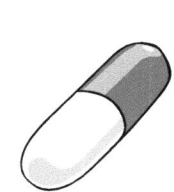

ថ្នាំពេទ្យ

medicine

ការចាក់ថ្នាំបង្ការ

vaccination

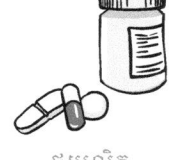

ថ្នាំគ្រាប់

tablets

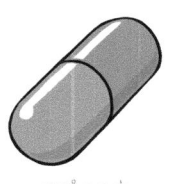

ថ្នាំគ្រាប់

pill

របោរៈ៧ពលេឆាសនុ

emergency call

ឧបករណ៍ពិនិត្យយសម្ពាធ
ឈាម

blood pressure monitor

ឈឺ / មានសុខភាពល្អ

ill / healthy

ជំនួយ!

Help!

សំឡេងរោទ៍

alarm

ការវាយលុក

assault

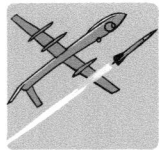

ការវាយប្រហារ

attack

គ្រោះថ្នាក់

danger

ច្រកចេញគ្រាអាសន្ន

emergency exit

អគ្គីភ័យ!

Fire!

បំពង់ពន្លត់អគ្គិភ័យ

fire extinguisher

គ្រោះថ្នាក់

accident

ឧបករណ៍ជំនួយបឋម

first-aid kit

ការ SOS

SOS

ប៉ូលិស

police

អឺរ៉ុប

Europe

អាមេរិកខាងជើង

North America

អាមេរិកខាងត្បូង

South America

អាហ្រ្វិក

Africa

អាស៊ី

Asia

អូស្ត្រាលី

Australia

អាត្លង់ទិច

Atlantic

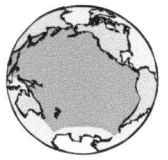

ប៉ាស៊ីហ្វិក

Pacific

មហាសមុទ្រឥណ្ឌា

Indian Ocean

មហាសមុទ្រអង់តាក់ទិច

Antarctic Ocean

មហាសមុទ្រអាកទិច

Arctic Ocean

ប៉ូលខាងជើង

North Pole

ប៉ូលខាងត្បូង

South Pole

អង់តាក់ទិក

Antarctica

ផែនដី

Earth

ដីគោក

land

សមុទ្រ

sea

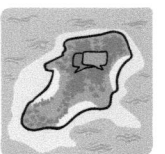

កោះ

island

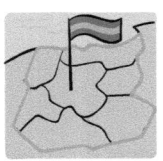

បុរទេសជាតិ

nation

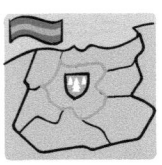

រដ្ឋ

state

មុខនាឡិកា

clock face

ទ្រនិចម៉ោង

hour hand

ទ្រនិចនាទី

minute hand

ទ្រនិចវិនាទី

second hand

ម៉ោងប៉ុន្មាន?

What time is it?

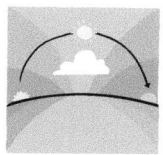

ថ្ងៃ

day

ពេលវេលា

time

ឥឡូវនេះ

now

នាឡិកាឌីជីថល

digital watch

នាទី

minute

ម៉ោង

hour

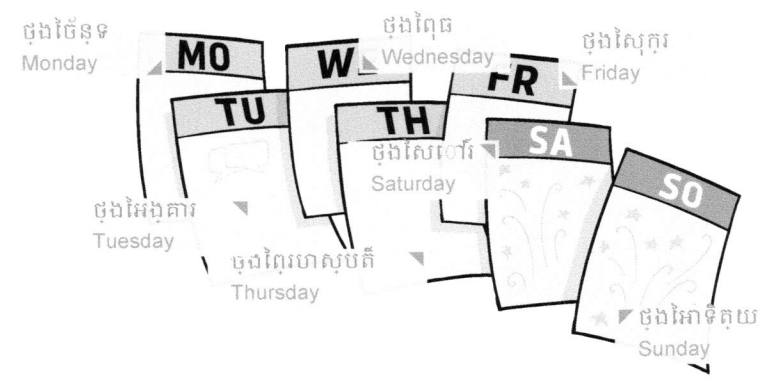

ថ្ងៃច័ន្ទ
Monday

ថ្ងៃពុធ
Wednesday

ថ្ងៃសុក្រ
Friday

ថ្ងៃអង្គារ
Tuesday

ថ្ងៃសៅរ៍
Saturday

ថ្ងៃព្រហស្បតិ៍
Thursday

ថ្ងៃអាទិត្យ
Sunday

ម្សិលមិញ
yesterday

ថ្ងៃនេះ
today

ថ្ងៃស្អែក
tomorrow

ព្រឹក
morning

ថ្ងៃត្រង់
noon

ល្ងាច
evening

ថ្ងៃធ្វើការ
business days

ថ្ងៃសប្ដាហ៍
weekend

ទឹកភ្លៀងរៀង
rain

ឥន្ទធនូ
rainbow

ខ្យល់
wind

ព្រិល
snow

និទាឃរដូវ
spring

រដូវក្តៅ
summer

រដូវស្លឹកឈើជ្រុះ
autumn

រដូវរងារ
winter

4.APRIL	11°	☀
5.APRIL	4°	⛅
6.APRIL	13°	☁
7.APRIL	8°	☀
8.APRIL	10°	☀

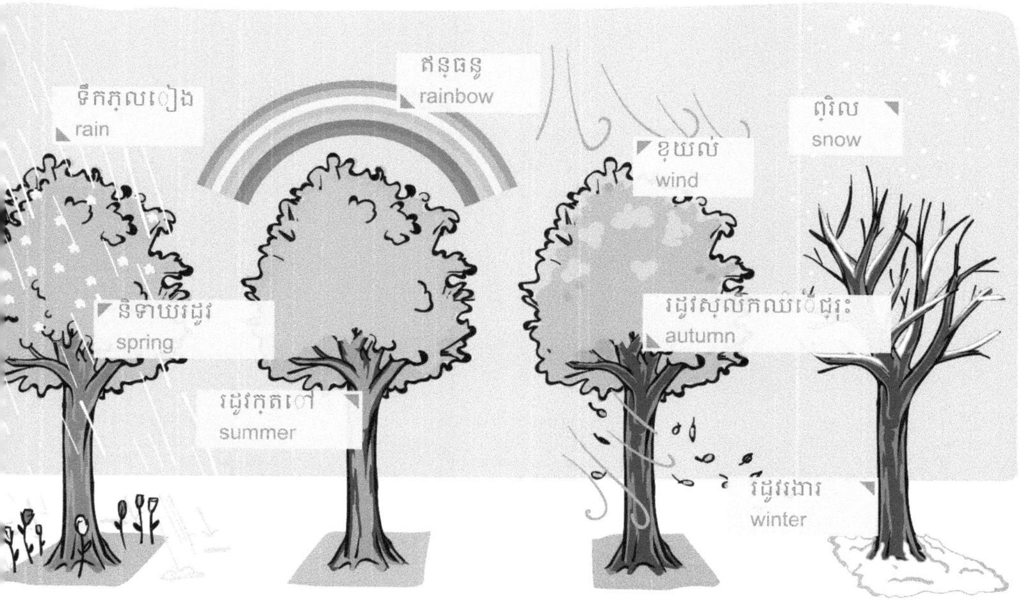

ព្យាករណ៍អាកាសធាតុ

weather forecast

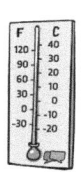

ទែម៉ូម៉ែត្រ

thermometer

ពន្លឺថ្ងៃ

sunshine

ពពក

cloud

អ័ព្ទ

fog

សំណើម

humidity

រន្ទះ

lightning

ផ្គរ

thunder

ព្យុះ

storm

ព្រិល

hail

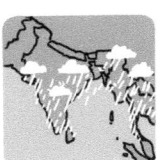

ខ្យល់មូសុង

monsoon

ទឹកជំនន់

flood

ទឹកកក

ice

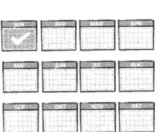

ខែមករា

January

ខែកុម្ភៈ

February

ខែមីនា

March

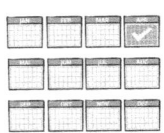

ខែមេសា

April

ខែឧសភា

May

ខែមិថុនា

June

ខែកក្កដា

July

ខែសីហា

August

ឆ្នាំ - year

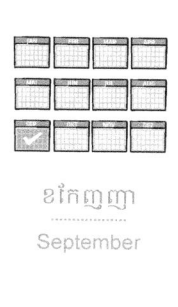

ខែកញ្ញា
September

ខែតុលា
October

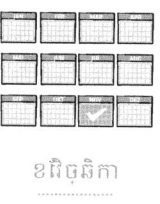

ខែវិច្ឆិកា
November

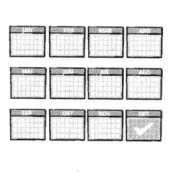

ខែធ្នូ
December

រាង
shapes

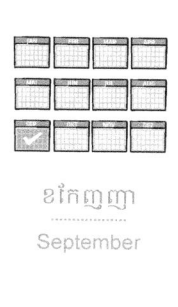

រង្វង់
circle

ការ៉េ
square

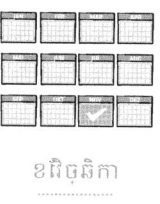

ចតុកោណកែង
rectangle

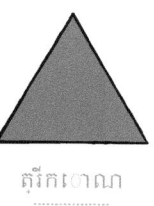

ត្រីកោណ
triangle

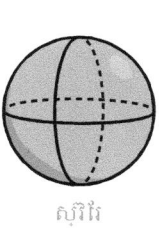

ស្វ៊ែរ
sphere

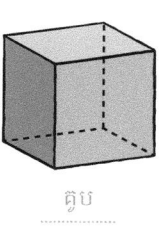

គូប
cube

ពណ៌ស

white

ពណ៌លឿង

yellow

ពណ៌ទឹកក្រូច

orange

ពណ៌ផ្កាឈូក

pink

ពណ៌ក្រហម

red

ពណ៌ស្វាយ

purple

ពណ៌ខៀវ

blue

ពណ៌បៃតង

green

ពណ៌ទឹកក្រូច

brown

ពណ៌បុរផះ

grey

ពណ៌ខ្មៅ

black

ចុះរវើន / តិចតួច

a lot / a little

ខឹង / គួរជាក់ចិត្ត

angry / calm

សុរស់សុអាត / អាក្រក់

beautiful / ugly

ាប់ផ្តេម / បញ្ចប់

beginning / end

ធំ / តូច

big / small

ភ្លឺ / ងងឹត

bright / dark

រអ្ននបុរស / បងប្អូនស្រី

brother / sister

សុអាត / កខ្វក់

clean / dirty

ពញ្ញលញ្ញ / មិនពញ្ញលញ្ញ

complete / incomplete

ថ្ងៃ / យប់

day / night

សុលាប់ / នៅរស់

dead / alive

ធំទូលាយ / តូចចង្អៀ

wide / narrow

អាចបរិភោគបាន /
មិនអាចបរិភោគបាន

edible / inedible

ចិត្តអាក្រក់ / ចិត្តល្អ

evil / kind

ការរំភើប / អផ្សុក

excited / bored

ធាត់ / ស្គម

fat / thin

ដំបូង / ចុងក្រោយ

first / last

មិត្តភក្តិ / សត្រូវ

friend / enemy

ពេញ / ទទេ

full / empty

រឹង / ទន់

hard / soft

ធ្ងន់ / ស្រាល

heavy / light

ភាពអត់ឃ្លាន /
ការស្រេកទឹក

hunger / thirst

ឈឺ / មានសុខភាពល្អ

ill / healthy

ខុសច្បាប់ / ត្រូវច្បាប់

illegal / legal

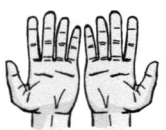

ឆ្លាតវៃ / ល្ងង់

intelligent / stupid

ឆ្វេង / ស្តាំ

left / right

ជិត / ឆ្ងាយ

near / far

86   ផ្ទុយគ្នា - opposites

ថ្មី / ហានប្របើ

new / used

គ្មានអ្វីសោះ / អ្វីមួយ

nothing / something

ចាស់ / ក្មេង

old / young

បើក / បិទ

on / off

បើក / បិទ

open / closed

ស្ងប់ស្ងាត់ / ពុខណ៍ាង

quiet / loud

មាន / ក្រ

rich / poor

ត្រូវ / ខុស

right / wrong

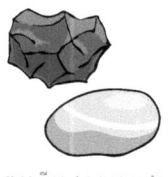

គ្រុរើម / លេោង

rough / smooth

ចិត្ត / សប្បាយចិត្ត

sad / happy

ខ្លី / វែង

short / long

យឺត / លេៀន

slow / fast

សរើម / ស្ងួត

wet / dry

កុតរៅ / គ្រជាក់

warm / cool

សង្រ្គាម / សន្តិភាព

war / peace

0

ស៊ុន្យ

zero

1

មួយ

one

2

ពីរ

two

3

បី

three

4

បួន

four

5

ប្រាំ

five

6

ប្រាំមួយ

six

7

ប្រាំពីរ

seven

8

ប្រាំបី

eight

9

ប្រាំបួន

nine

10

ដប់

ten

11

ដប់មួយ

eleven

12

ដប់ពីរ

twelve

13

ដប់បី

thirteen

14

ដប់បួន

fourteen

15

ដប់ប្រាំ

fifteen

16

ដប់ប្រាំមួយ

sixteen

17

ដប់ប្រាំពីរ

seventeen

18

ដប់ប្រាំបី

eighteen

19

ដប់ប្រាំបួន

nineteen

20

ម្ភៃ

twenty

100

រយ

hundred

1.000

ពាន់

thousand

1.000.000

លាន

million

អង់គ្លុលសេ

English

អង់គ្លុលសេអាមេរិក

American English

ចិនកុកងឺ

Chinese Mandarin

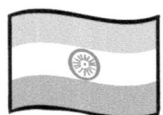

ហិណ្ឌុខ្ទ

Hindi

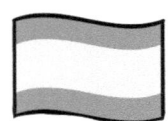

អេស្ប៉ាញ

Spanish

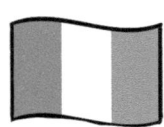

ហារំាង

French

អារ៉ាប់

Arabic

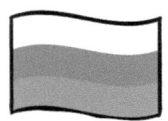

រុស្ស៊ី

Russian

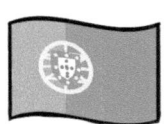

ព័រទុយហ្គាល់

Portuguese

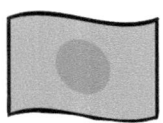

បង់កុលាដសេ

Bengali

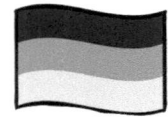

អាល្លឺម៉ង់

German

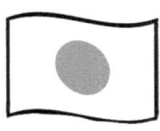

ជប៉ុន

Japanese

ខ្ញុំ

I

អ្នក

you

គាត់ / នាង / វា

he / she / it

យើង

we

អ្នក

you

ពួកគេហេន

they

នរណា?

who?

អ្វី?

what?

របៀបណា?

how?

កន្លែងណា?

where?

ពេលណា?

when?

ឈ្មោះ

name

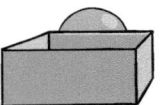

ពីក្រោយ

behind

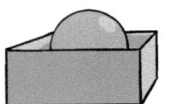

ក្នុង

in

ពីមុខ

in front of

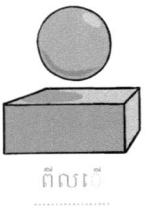

ពីលើ

over

នៅលើ

on

នៅក្រោម

under

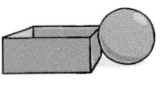

នៅក្បែរ

beside

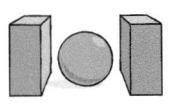

រវាង

between

កន្លង

place